攀　岩

卢兆振　编著

吉林文史出版社

目录

第一章　攀岩运动概述

第二章　攀岩运动场地与装备

第三章　攀岩运动的基本技术

第一章

攀岩运动概述

攀岩运动是从现代登山运动派生出来的攀登陡峭岩壁的运动，具体来讲，是一种通过专门的攀登技术训练，以各种装备作为保护或攀登的工具，通过克服地心引力，攀登自然岩壁或人工岩壁的运动，主要包括难度攀岩、速度攀岩和攀石三种形式。

攀岩运动要求攀登者充分协调上肢、下肢和躯干力量，在不同高度、不同角度及不同介质的岩壁上连续完成转身、引体、动态蹿跳等一系列的攀登动作。攀岩运动的攀登过程动静结合、刚柔相济，素有“岩壁芭蕾”之美誉，集探险、竞技、健身、娱乐、观赏于一身，融力量、勇气、智慧、时尚、美感于一体，惊险、刺激而又具挑战性。

攀岩运动的起源与发展

❖ 攀岩运动的起源

人类的攀登活动由来已久，一般是出于生产、军事、宗教等方面的需要。攀爬是人类与生俱来的、最基本的运动能力之一。攀岩作为一种人类探索自然、挑战极限的运动形式，最早可追溯到 19 世纪的欧洲。当时的攀登者为了克服类似阿尔卑斯山等终年积雪的冰岩地形，总结形成了一套系统的攀登技术，只是当时攀登技术水平较低，技术装备相当简陋。1865 年，英国登山家、攀岩运动创始人之一的埃德瓦特，首次使用钢锥、铁链和登山绳索等简易装备，成功地攀上险峰，并在此后的 20 多年里，逐步积累了一定的攀岩技术。1890 年，英国登山家马默里又改进了攀登工具，发明了打楔用的钢锥和钢丝挂梯，以及各种登山绳结，使攀岩技术发展到了更加成熟的阶段。

❖ 攀岩运动的发展

1. 竞技攀岩的萌芽

攀岩作为一项真正开展起来的运动，其发展的足迹可以追溯到20世纪中叶。1947年，苏联首先成立了攀岩运动委员会，高加索地区的一些地方体协和军队率先开始尝试攀岩竞赛，逐渐发展为在苏联全国性的比赛。当时的成绩评判标准是在同样的条件下，以攀登峭壁线路的速度最快者为优胜。1948年在其国内举办了首届全国性攀岩比赛，这也是世界上第一次攀岩比赛，此后形成了一年一度定期举行的全国联赛。从那以后攀岩运动开始在欧洲盛行，并举行了多次民间攀岩比赛。1974年9月，苏联和捷克斯洛伐克的登山组织，率先在苏联和捷克斯洛伐克发起举办了首届国际攀岩比赛，英国、民主德国、联邦德国、意大利、美国和日本等12个国家的213名运动员参加了比赛。在成功举办本次比赛的基础上，由苏联倡议，国际登山攀登联合会（UIAA，以下简称国际登联）决定，以后每两年举行一次国际攀岩比赛。从此，攀岩运动和技术水平不断提高，规则日趋完善，形成了个人单攀赛、个人平行计时赛、个人自选路线赛、结组攀登赛和小队攀登赛等比赛项目。攀岩比赛参加的国家也逐年增多。在世界各地，地区性和双边性的攀岩活动也越来越活跃。

2. 人工岩壁的发明

20世纪80年代，人工岩壁攀登逐步兴起。1985年法国人弗兰西斯·沙威格尼发明了可以自由装卸的仿自然人造岩壁，他实现了人们要把远在郊外的自然岩壁搬到城区的梦想。因人工岩壁比自然岩壁更安全稳定、更便于参加，在赛事活动的组织上更易于操作，并利于观众观看，1987年国际登联规定正式的国际攀岩比赛必须在人工岩壁上举行，并于当年在法国举办了在人工岩壁上举行的首届

攀岩比赛。人工岩壁是用现代科技材料模拟自然岩壁的形状和表面特征加工而成，根据攀登者的水平高低可在其上设定相应难度的攀登线路，对攀岩爱好者和专业运动员都很适用，应用范围更为广泛。人工岩壁的出现为攀岩者创造了安全便捷的健身和训练条件，也标志着攀岩运动进入了一个全新的发展阶段。

3．攀岩赛事的正规化

1989 年由国际登联主办的首届世界杯攀岩系列赛分阶段在法国、英国、西班牙、意大利、保加利亚和苏联举行，运动员参加在各地举行的比赛，然后根据每站比赛的得分，进行年度总排名，总成绩最好者即为世界杯得主。此后，每年都举行世界杯赛。

1991 年国际登联在德国举办了首届世界攀岩锦标赛，此后每两年举行一届。

1992 年国际登联在瑞士举办了首届世界青年攀岩锦标赛，此后每年举行一届。

随着世界锦标赛、世界青年锦标赛及世界杯分站赛等正规国际攀岩赛事的相继举行，国际登联及各国、各地区的承办单位的赛事组织能力全面提升，标志着攀岩赛事的组织日趋成熟和正规化。

值得一提的是，随着国际攀岩运动的普及推广，亚洲竞技攀登委员会（ACC）于 1991 年 1 月在香港正式宣布成立，这标志着亚洲的攀岩运动进入了一个新的阶段。1992 年 9 月在韩国汉城（现更名为首尔）举办了第一届亚洲攀岩锦标赛，此后每年举行一届。

4．国际竞技攀登委员会（ICC）的成立

随着世界锦标赛及世界杯分站赛等重大国际赛事的不断举行，参赛运动员人数逐年递增，运动水平迅速提高。为了使该运动项目有足够的自主权并为其发展提供可靠保障，1997 年国际登联在其内

部增设了一个专门负责攀岩运动普及、推广和提高的专业委员会国际竞技攀登委员会（ICC）。这一专业委员会的成立使攀岩运动的发展进入了快车道。1998 年国际竞技攀登委员会正式推出攀石竞赛项目，1999 年正式进入了世界杯赛项目。

从 2001 年到现在，攀岩比赛类型越来越丰富、赛事越来越频繁。由于世界各地攀岩运动的蓬勃发展，今天超过 75 个国家和地区参加了攀岩比赛，达到了空前繁荣。2005 年，攀岩项目正式进入了在德国杜伊斯堡举办的世界运动会和在泰国曼谷举办的亚洲室内运动会。

5．国际攀岩联合会（IFSC）的成立

随着攀岩运动的蓬勃发展，攀岩与高山探险在发展方向、运动形式、兴奋剂使用等原则问题上发生了重大分歧，国际竞技攀登委员会要求独立，并且成立攀岩运动国际单项体育组织的呼声越来越高。随着国际竞技攀登委员会的不断壮大，国际登联于 2006 年决定停止对攀岩比赛的管理，并同意建立一个独立的国际单项体育组织来管理这项运动。2007 年 1 月 27 日，在德国法兰克福，有 48 个国家和地区的攀岩协会出席的大会同意并建立了国际攀岩联合会（IFSC），一致通过了新的联合会章程、细则以及竞赛规则，从此开始了该国际体育组织全新的征程。2007 年 4 月 28 日，国际单项体育联合会总会（AGFIS）大会在北京召开，接纳国际攀联为新成员。几个星期后，国际世界运动总会（IWGA）也做出决定，确认攀岩为 2009 年高雄世界运动会的正式比赛项目。

2007 年 12 月 10 日，国际奥委会批准国际攀联为临时成员，并欢迎攀岩运动到奥林匹克运动中来。2010 年 2 月 12 日，国际奥委会批准国际攀联为正式成员，这标志着攀岩运动正式迈入了奥林匹克大家庭。现在国际攀联的成员国已达到 76 个，遍布五大洲。

2011 年 7 月，在南非德班举办的第一百二十三届国际奥委会会议上，攀岩被列入 2020 年奥运会 8 个候选项目之一。2013 年最后确定正式进入奥运会的项目名单。

❖ 中国攀岩运动发展简史

20 世纪 80 年代，中国登山协会（CMA）与日本山岳协会（JMA）在双边学习交流的过程中逐步将攀岩运动引入我国，历经二十几年的发展，大概可以分为以下几个阶段：

1. 引入阶段（20 世纪 80 年代）

攀岩运动源于欧洲，开展攀岩运动需要有专门的场地和技术装备，自然岩壁线路的开发、人工岩壁场地的建设和技术装备的购置都需要大量经费。整个亚洲攀岩运动的起步时间都比较晚。中国登山协会早期主要致力于高山探险运动，直到 20 世纪 80 年代，攀岩被列为中国登山协会与日本山岳协会每年一度的双边交流活动的重要项目。1987 年，中国登山协会派出了以李致新、王勇峰等为代表的年轻一代的登山运动员到日本系统学习攀岩技术和比赛规则；同年 10 月，在北京怀柔的大水裕水库（现北京青龙峡景区）举办了第一届全国攀岩比赛（自然岩壁）。1990 年，北京怀柔国家登山队训练基地建造了国内第一座大型人工攀岩场，并第一次在人工岩壁上举办了攀岩比赛。1993 年 9 月，第一届全国攀岩锦标赛在长春举行；同年 10 月，在武汉举行了国内首届国际邀请赛；同年 12 月，在长春又成功地举办了第二届亚洲攀岩锦标赛。

这一阶段，西藏、青海、新疆等几个地方登山协会和地质矿产部下属的中国地质大学（武汉）、中国地质大学（北京）、长春地质学院、成都地质学院等大专院校的攀岩运动开展得比较好，参加人员主要是地方登山协会的登山运动员和地质矿产部下属大专院校选拔发掘的有攀岩运动特长的学生。我国的攀岩运动就是从这种集体统筹、个人参与当中蹒跚起步的。

2. 正式开展阶段（20 世纪 90 年代中期）

1995 年，攀岩被国家体委列为我国正式开展的体育项目，这标志着我国的攀岩运动进入了正规的发展阶段。同时，中国地质大学、北京大学、清华大学、北京理工大学等高校纷纷开始组建登山户外运动俱乐部，其中攀岩是重要活动之一。攀岩运动展现了亲近自然、挑战极限、超越自我的理念，吸引了越来越多的青少年参与其中，并不断影响着人们的生活方式。中国登山协会积极鼓励并支持这些青年学生参加攀岩运动，帮助青年学生在北京近郊的百望山、鹫峰等地开发了一些自然岩壁攀登路线。尽管青年学生在很多方面都显

露出稚嫩与不足，但他们的积极参与加速了攀岩运动的发展步伐。

3．大众化和商业化发展阶段（20 世纪 90 年代末期）

1996 年年底，位于北京宣武门的七大古都攀岩馆是我国第一家商业性的攀岩场馆，为攀岩者提供了一个优良平台，吸引并聚集了相当数量的攀岩爱好者，培养出了大批推动我国民间攀岩运动发展的中坚力量。

1997 年，在北京举行的“郎酒杯”全国攀岩邀请赛是我国第一

次成功的商业化运作的比赛。1998 年，在西岳华山举行的国际攀岩精英赛上，世界一流攀岩高手们的精湛技艺让国内的攀岩者叹为观止。1999 年，在浙江湖州举办的全国首届极限运动大赛给攀岩运动注入了极限运动的特性，明确了其大众化和都市化的定位。这些赛事得到了媒体和商家的大力关注，激发了攀岩爱好者的热情，也带来了个人攀岩装备的消费热潮。需求意味着商机，迅速增长的攀岩爱好者队伍推动了专业装备店、攀岩俱乐部的诞生和发展，国产人工岩壁及支点也应运而生。我国的攀岩运动逐步走上了自我发展的道路。

1998 年，由中国登山协会组织的全国首届攀岩节在北京密云白

河峡谷举行，以民间力量为核心，打造白河攀岩公园品牌的工作正式启动，广大攀岩爱好者们不断开发出不同风格、不同难度的攀登线路有300多条。1999年春节期间，一批北京攀岩爱好者慕名来到桂林阳朔，攀登了月亮山、大榕树、拇指峰等由美国攀岩者开发的线路。此后，一批又一批国内及国际的攀岩爱好者蜂拥而至，有的干脆留在了阳朔，成立了自己的攀岩俱乐部，有的开始经营装备店、西餐厅。他们在阳朔陆续开发出近五百条路线，比北京白河开发的线路还要多。北京白河与桂林阳朔已成为我国目前攀登线路最多、气氛最浓、综合条件最好的两个攀岩区。

其间，位于我国经济发展最快的长江三角洲和珠江三角洲地区的大专院校和户外运动俱乐部纷纷成立了自己的攀岩队伍，有条件的单位开始建造人工岩壁场地，有潜力的优秀攀岩爱好者不断涌现，攀岩运动以迅猛的速度走进了城市青少年的生活。至此，我国的攀岩运动步入了大众化和商业化的发展阶段。

4. 竞技水平大幅提升、赛事组织能力全面提高阶段（21世纪初）

2000年为备战在北京举行的亚洲青年攀岩锦标赛，中国登山协会首次组建了国家青年攀岩集训队。在此基础上，2001年开始组建国家攀岩集训队，已培养了一支相对稳定的优秀攀岩运动员和教练师资队伍，总结形成了一套较为先进的训练理论体系。目前，我国男女速度项目成绩已达到世界一流水平，难度和攀石项目成绩与世界水平仍有较大差距，相应的攻坚计划正在实施当中，已取得不少优异成绩。

2004年在湖州举行的世界杯分站赛女子攀石项目上，黄丽萍首次闯入该项目决赛；

2004年在上海举行的世界杯分站赛男子速度项目上，陈小捷为

我国勇夺第一个世界攀岩冠军；

2005 年在上海举行的世界杯分站赛男子难度项目上，刘常忠首次闯入该项目决赛；

2007 年在西班牙举行的世界锦标赛上，国际攀岩联合会首次采用国际标准速度赛赛道，钟齐鑫以 8.76 秒的成绩创造了该项目世界纪录，并勇夺冠军；

2009 年在青海西宁世界锦标赛和高雄世界运动会两次国际攀岩界最重要的大赛上，以钟齐鑫和何翠莲为代表的中国攀岩队囊括了所有男女共计 10 枚速度赛金牌，同时打破了 4 项世界纪录，创造了史无前例的最好成绩。

截至 2010 年年底，钟齐鑫和何翠莲仍分别以 6.40 秒和 9.04 秒的成绩保持着国际标准速度赛的世界纪录。

在取得良好运动成绩的同时，我国的攀岩赛事组织能力全面提高。自 1993 年中国登山协会举办第一届全国攀岩锦标赛开始至今，已成功组织了 1 届世界锦标赛、1 届世界青年锦标赛、10 站世界杯分站赛、2 次国际大师赛、6 届亚洲锦标赛、2 次亚洲杯赛、1 次亚洲青年锦标赛、18 届全国锦标赛、4 次全国体育大会攀岩赛及 4 届全国青年锦标赛。目前，我国每年都会举行 5 次左右的国际攀岩赛事，已成为世界上承办国际攀岩比赛最多的国家。上述国内、国际重大赛事的成功举办既为我们积累了丰富的赛事组织经验，更为推动国际攀岩运动的发展做出了巨大贡献。

5. 前景展望

随着我国社会经济的快速发展，人们生活水平的不断提高，民众对体育锻炼的观念也逐步由单纯的强身健体和枯燥的机械重复中改变过来，开始追求一种自然、活泼、刺激，并能让人乐在其中的运动方式。而以健康环保、寻求刺激和挑战极限为特色的攀岩运动则刚好迎合了现代人崇尚自然、肯定自我等的基本愿望，而且攀岩运动的方式和方法多种多样，并能够获得同伴们最大程度的肯定和认同，因而备受青少年的关注和喜爱，加上我国拥有世界上最为丰富的山峰资源和岩壁资源，我国的攀岩运动具有巨大的市场潜力和广阔的发展前景。

但是，在我国攀岩运动快速发展的过程中，安全、环保、组织不力等问题逐渐暴露出来。在目前良好的发展形势之下，不能掉以轻心，要认识到自身的不足，在理论和实践中不断地完善和改进，让攀岩运动健康、有序地良性发展。

攀岩运动的特点与功能

攀岩是集探险、竞技、健身、娱乐、观赏于一身，融力量、勇气、智慧、时尚、美感于一体，既惊险刺激，又有较高安全性的大众化体育运动。

❖ 攀岩运动的特点

攀岩运动集探险、竞技、健身、娱乐于一体，其亲近自然、挑战极限、超越自我的特性正吸引着越来越多的参与者。每项体育运动都存在有别于其他项目的特殊性，攀岩运动的特点主要体现在以下几方面：

1. 运动场地的唯一性

攀岩是唯一一项在陡峭的岩壁（包括人工岩壁）表面开展的运动。在人类开展攀岩运动之前，无数雄伟壮丽的悬崖峭壁只能供人们欣赏其静态之美，自从有了攀岩运动，人类就开始不断地赋予岩壁以生命之美。这一特殊性吸引了无数人，人们对攀岩运动产生了无限的好奇与遐想，从而使人们拥有一种想去体验的冲动和欲望。

2. 探险运动的危险性

攀岩最早是作为人类探索自然的表现行为，由于受自然环境、气候条件和装备器材等因素的影响和制约，其危险性是不言而喻的。这种危险性还源于它是一项在高空开展的运动，只要离开地面，就

有脱落的可能，只要脱落就有可能存在危险，这就要求每个参与者在思想上对此要有足够的认识，并通过不断实践掌握相关的技术，积累各方面的经验。

3．极限运动的挑战性

攀岩作为一项极限运动，对人的身体、心理都极具挑战性。攀登者对线路的高度、难度及单位时间内完成的距离（速度）不断地发起挑战，每次攀登都是不断地挑战困难并战胜困难的过程，充分体现出人与自然的和谐，展示了人类的力量、勇气与智慧。

4．竞技运动的观赏性

自 20 世纪中叶开始，攀岩作为一项竞技运动在世界各地得到快速普及和推广。目前，在比赛场地、装备器材、规程、规则、项目

设置、竞技水平、媒体宣传等攀岩运动开展的各个方面日趋成熟和完善，并已达到了较高水平。攀岩比赛场面惊险、刺激，运动员动静结合、刚柔相济，集中展现了攀岩运动“岩壁芭蕾”之美感，具有良好的观赏性。

5. 大众运动的参与性

随着攀岩场地条件的不断改进和装备器材的不断改良，攀岩运动的安全性大大提高，这为大众参与创造了必要条件。目前，攀岩运动已成为都市白领追求时尚、放松心情的理想选择，成为对广大青少年进行素质教育的有效途径，成为众多户外运动俱乐部引以为傲的拳头产品，成为拓展培训中不可缺少的挑战项目。

6. 复杂运动的创造性

攀岩是一项复杂运动。攀登者在攀登前要根据不同的岩壁、不同的线路及个人的状况制订出相应的攀登计划与方案，并在攀登过程中对新出现的情况不断地调整，采取新的应变对策（第二方案或备用方案）。对竞技攀岩来讲，由于比赛多采用封闭式的攀登，参赛选手必须时刻保持清醒，冷静、迅速、果断地选择最佳攀登动作与路线。任何失误，哪怕仅仅是一个不合理的动作，都将导致失败。

这种复杂性同时也决定了攀岩运动具有无限的创造性。攀登的线路可能在天然岩壁上，也可能在人工岩壁上。线路的角度可分为俯角（角度小于 90°）、直角（角度为 90°）、仰角（角度大于 90°、小于 180°）和屋檐（角度为 180°）四种。线路上的支点类型分为抠、按、捏、洞等，每个支点的方向及支点之间的位置和距离又是不确定的，这些因素决定了攀岩没有完全固定的动作，要想做好就必须不断地实践并创造新的动作。正是这种永无止境的创新，才赋予了攀岩运动无限的生命力。

综上所述，攀岩运动从不同的角度体现了运动场地的唯一性、探险运动的危险性、极限运动的挑战性、竞技运动的观赏性、大众运动的参与性及复杂运动的创造性等特点。

❖ 攀岩运动的功能

体育运动已成为人们生活的重要组成部分，其对社会的发展发挥着重要功能，包括健身功能、教育功能、娱乐功能、经济功能等。

1．健身功能

通过体育锻炼，可增强体质，促进人自由、全面地发展。健身功能是体育的主要功能。体育运动的健身功能主要表现在几方面：

一能改善和提高中枢神经系统的工作能力；二能促进有机体的生长发育，提高运动能力；三能促进人体内脏器官构造的改善和机能的提高；四能提高人体的适应能力；五能提高人体的免疫能力。

参加攀岩运动可以全面、协调地提高身体素质。首先，上肢、下肢和躯干的力量素质可以得到平衡发展，同时还可以增强爆发力和力量耐力。其次，还可以发展柔韧性、协调性和灵敏性。

2. 教育功能

教育功能是教育在人与周围环境相互影响中所发挥的作用。体育的教育功能有两个方面的含义：一种是具有典型意义的学校基本教育，另一种是具有泛指意义的社会教育。在进行体育运动时，特别是在训练过程中，要克服许多由运动产生的困难，体验在正常条件下不可能获得的身体感受。同时，还能培养和陶冶人的意志品质。强筋骨、强意志、调情感是体育的特殊功能，参与体育运动可起到“文明其精神，野蛮其体魄”的作用。

攀岩的过程和攀岩的训练过程，其实质是一个不断挑战困难的过程。攀岩者在攀登一条线路的过程中可能会面临恐高、脱落，甚至冲坠等危险和挑战，而当攀岩者攀完具有一定难度的线路后，他一定会挑战难度更大的线路。所以，攀岩运动能培养人们，特别是青少年勇于攀登、永不言弃的意志品质。

攀岩是一个较为成熟的竞技项目，能有效地培养人们的竞争意识和团结协作精神。攀岩比赛主要有速度赛、难度赛和攀石赛，这三种形式分别体现了更快、更高、更强的奥林匹克精神。所以，参与攀岩比赛还能培养攀岩者公平竞争、团结协作的精神。

3. 娱乐功能

体育的娱乐功能主要通过两方面表现出来：一是体育本身所特

有的魅力，二是人们参加体育运动所获得的乐趣。

攀岩运动独具魅力，它集竞技、娱乐、观赏于一体。攀岩者感受攀岩运动带来的刺激，观众感叹于它的惊险。而且，中央电视台体育频道关于攀岩赛事转播的收视率很高，攀岩爱好者人数不断增长，这也从侧面说明了攀岩运动在娱乐方面的功能。

4. 经济功能

在商品经济社会，体育作为第三产业，以劳务的形式向社会提供服务。但是，不能把体育看成是一种纯消费性的事业，应注意发挥体育的经济功能，追求体育的经济效益。

目前，攀岩运动在专业装备、器材和服装领域已形成了较为成熟的生产、批发和零售体系，有人工岩壁建造和自然岩壁开发的专业公司，有专门经营攀岩活动的岩壁场馆和俱乐部，有政府和企业相结合的商业性攀岩赛事。攀岩已不仅仅是“体育搭台、经济唱戏”，而是其本身就作为体育大家庭的一员，在社会经济活动中发挥着越来越重要的作用。

5. 其他特殊功能

攀岩运动具有探险运动、极限运动的特性，使得它在军事、科学探险、救援与逃生等领域中还具有特殊功能。例如，在军事领域中，利用攀登技术和单绳上升、下降技术在山地野战和城市巷战中达到出奇制胜的效果；在科学探险中，利用攀登技术考察洞穴、山峰和极地；在救援与逃生中，攀登技术主要用于高层建筑火灾、山区地震、景区游客坠崖等情况。

攀岩运动的分类与难度等级

❖ 攀岩运动的分类

攀岩运动在欧洲萌芽，至今已有一百多年的历史。经过一代代攀岩者、专业技术装备生产商和人工岩壁生产商等攀岩各界精英的共同努力，攀岩运动已发展成场地类型丰富、攀登方式多样、竞技项目齐全、大众广泛参与的体育运动。攀岩运动的表现方式丰富多样，其分类无法从某个单一的角度来划分，下面分别从场地类型、攀登方式和比赛项目等角度进行逐类介绍。

1. 按场地类型分类

（1）自然岩壁攀登

自然岩壁攀登是指在自然环境中形成的岩壁上攀登，一般需要前期清理和开发攀登线路。

主要优点：能充分融入自然，不断发现新线路，有机会攀登多段线路，过程更具挑战性。

主要缺点：危险性较大，受气候影响较大，攀登地点一般远离市区。

（2）人工岩壁攀登

人工岩壁攀登是指在人工设计、建造的岩壁上攀登，其场地主要包括室内攀岩馆和室外攀岩场。

主要优点：安全性高，受气候影响小，交通便利，过程更具观赏性。

主要缺点：岩壁造型相对固定，攀登线路创新有限，室内空气较差。

2. 按攀登方式分类

（1）自由攀登

自由攀登是指不借助任何器械的力量而完全靠攀登者的自身力量攀登。这种形式的攀登在我国占主要地位，主要考验攀登者在难度、速度和攀石等方面的综合攀爬能力。自由攀登又可分为运动攀登和传统攀登。

运动攀登：即在已经设置好安全保护点（站）的线路上攀登。这种攀登非常安全，易于开展，主要用于竞技比赛、运动员训练和初学者体验等。

传统攀登：即在预先没有设置任何人为保护措施的线路上攀登。领攀者在攀登过程中根据线路特点，凭借其经验，选用合适的装备临时设置保护措施，跟攀者会收取所有设置在线路上的保护装备，从而使整个攀登过程不会留下任何装备，不会破坏任何岩壁表面。所以，传统攀登被认为是绿色攀登。不过，这种攀登危险性较大，需要攀登者具备丰富的器械使用经验和攀登经验。传统攀登由英国攀岩者发明，并且一直深受该国的攀岩者所倡导和喜爱。

（2）器械攀登

器械攀登是指可以借助器械作为攀登工具的攀登。这种攀登形式主要用于大岩壁攀登和自然岩壁线路开发，需要攀登者具备丰富的器械使用经验和攀登经验。

3. 按保护方式分类

（1）顶绳攀登

顶绳攀登是指保护点设在线路顶部的攀登，与其对应的是上方保护方式。顶绳攀登要求保护点要非常安全，因为攀登者一直处于保护点下方，要保证在整个攀登过程中不会发生冲坠。顶绳攀登适用于攀登线路角度小于 120° 的情形。

（2）先锋攀登

先锋攀登是指保护点用膨胀钉和挂片器材预先设置在攀登线路沿线的攀登，而传统攀登则需要临时设置保护点，与其对应的是下方保护方式。攀登者在攀登过程中依次将保护绳扣入保护点（含快挂）上。这种形式攀登者可能会发生冲坠，相对顶绳攀登较为危险，一般适用于大仰角（大于 90° ）线路的攀登。

随着攀岩运动的发展和新材料的发明，攀石、深水攀等新型攀登方式不断涌现，海绵垫、充气垫、强力安全网、水池等安全保护设备也随之用于攀岩保护，并取得了良好的效果。

4. 按比赛项目分类

目前国际上主要的攀岩比赛项目有速度赛、难度赛和攀石赛，即速度攀岩（Speed climbing）、难度攀岩（Lead climbing）和攀石

（Bouldering），这三种形式充分体现了更快、更高、更强的奥林匹克精神。

（1）速度攀岩

即采用顶绳攀登，上方保护，以速度为主要目标。速度赛是指运动员依次攀登由定线员在赛前专门设定的速度线路，是一项比赛完攀线路速度的比赛。速度越快，成绩越好。

（2）难度攀岩

即采用先锋攀登，下方保护，以完攀具有一定难度的线路为主要目标。难度赛是指运动员依次攀登由定线员在赛前专门设定的难度线路，在相同的时间内比赛攀登高度的比赛。高度越高，成绩越好。

（3）攀石

也被称作抱石，指在没有绳索保护的状态下攀登不超过 5 米高的岩壁，一般采用海绵垫或充气垫做保护设备。由于没有绳索的影响，这种方式可以最大限度地发挥攀登者的极限攀登能力。攀石赛是指运动员依次攀登一系列由定线员在赛前专门设定的短而难的线路，比赛完攀线路数量的比赛。完攀线路的数量越多，成绩越好。

❖ 攀岩运动的线路难度等级

1．攀岩线路难度等级体系的定义

攀岩线路难度等级是在充分考虑影响线路攀登难度的基础上，逐渐建立起来的对线路难度进行量化的体系。

不同的攀登形式有与其对应的难度等级体系标准，如攀岩、攀冰、冰岩混合都有其自己的难度体系，攀岩运动中难度攀登与攀石的难度体系也是不一样的。不同国家和地区的难度衡量体系不同，如法国、美国有自成一体的系统。对攀岩运动来讲，在开展较早的欧美地区已形成了几套系统，如国际标准、法国标准、英国标准、德国标准和美国标准，其中最常用的是法国标准和美国标准。开展较晚的国家和地区一般借用开展较早国家建立的标准，如日本和东南亚地区采用的是法国标准，中国和韩国采用的是美国标准。尽管体系不同，但各体系之间又有相应的对照。

2. 美国标准体系

由于我国目前采用的是美国标准体系，这里做较为详细的介绍。

20 世纪 50 年代，美国攀岩者根据陡峭程度和攀登难度将山地和岩壁划分为六个级别：

1 级为平路行走（Level walking）。

2 级为野地跋涉（Trekking over terrain）。

3 级为几乎不需要保护的较陡山路（Rope seldom used）。

4 级为可能需要绳索保护的山路（Rope may be necessary）。

5 级为攀岩（Technical rock climbing）。

6 级为器械攀登（Direct aid climbing）。

5 级之中又细分为 5.1、5.2、5.3……从 5.10 开始，又细分为 a、b、c、d 四个等级，如 5.10a，5.10b，5.10c，5.10d。

在攀岩运动开展初期，受装备性能的影响，难度系数为 5.10 的线路就被认为是非常难的线路。随着装备的不断更新，特别是能承受冲坠的动力绳的出现和人工岩壁的发明，攀登者的水平得到了快速的提高。一般来讲，初学者可以攀登难度系数为 5.6 的线路；通过较为系统的专业训练，攀岩爱好者可达到 5.10 以上的水平；而要达到 5.13 的水平，则必须通过相当专业的系统训练；要达到 5.14 以上的水平，除了专业的训练，还必须具有良好的天赋。

攀登者完成的最难一条线路的难度就代表他的攀登能力，当然这必须说明是首攀（Onsight）还是极限攀（Redpoint），与此对应的就是他的首攀难度和极限攀难度。

第二章

攀岩运动场地与装备

人工岩壁场地

1985年，法国人弗兰西斯·沙威格尼发明了可以自由装卸的仿自然人造岩壁。他实现了人们要把自然中的岩壁搬到城区的设想。因人工岩壁比自然岩壁在比赛规则上易于操作，并利于观众观看，1987年国际攀登委员会批准人工岩壁上的攀岩比赛为国际正式比赛。

❖ 人工岩壁的主体结构组成

1. 地基

地基是指建筑物下面支承基础的土体或岩体。作为建筑地基的土层分为岩石、碎石土、砂土、粉土、黏性土和人工填土。地基有天然地基和人工地基两类。天然地基是不需要人工加固的天然土层。人工地基需要人工加固处理，常见有石屑垫层、砂垫层、混合灰土回填再夯实等。

2. 钢架

钢架是人工岩壁的主体结构，一般采用钢铁结构。承建厂商需要根据用户的要求和人工岩壁使用地点的自然环境条件，向用户提供精确的力学分析计算过后的安全数据和结构搭建的设计方案。方案必须得到具备钢结构设计资质的设计院的确认方可进行搭建，并在搭建的过程中需对结构进行防腐处理。

3. 攀岩板

人工岩壁是由多个一平方米左右大小的攀岩板组装而成。由于在制作中广泛采用了现代技术，透过工程力学分析，工程师将岩板组装成攀登难度不同的倾斜度，如直壁、大斜面悬挂地形及屋檐地形等在大自然中见得到的各种岩石状态，固定在钢架结构上，为攀

岩者营造出各种攀爬空间。

4. 攀岩支点

攀岩支点是人工岩壁的重要配件，其制作材料和工艺与攀岩板相似，但形状各异。设计师根据攀岩运动的特点设计而成，攀岩支点的类型非常丰富，不同形状的支点超过上万种。常见的支点分类有：按照用力的方法可以分为抓握点、捏点、指洞点及组合点等系列。它们均由不锈钢螺栓或自贡螺丝固定在攀岩板上，攀岩者在攀爬时手抓握的点和脚蹬踏的点都由这些不同系列的攀岩支点所组成。

5. 其他辅助设施

人工岩壁如搭建在室外，岩壁顶端建议搭建遮雨棚，岩壁下端地面必须平整并需要硬化处理。遮雨棚需要完全覆盖整个岩壁，一般周边挑出岩壁最远端 2 米左右。

❖ 人工岩壁的分类

人工岩壁是由单位攀岩板组合而成的，制作攀岩板的基本材料是玻璃纤维补强多元酯。

1. 按攀岩板的材料分类

（1）木质岩板岩壁

木质岩板的主要材料是热压木合板，为了增加岩板表面的摩擦力，会在岩板表面喷涂树脂，岩板背面则以钢架结构支撑建构。木质岩板岩壁由多块木板组合而成，除了最基本的平面搭建形式以外，也可以经过力学计算，裁剪成多块不同尺寸的岩板，组合成立体凹凸的岩面，并且可以在板面上加装巨形支点，增加人工岩壁造型的立体变化。其优点是建造成本相对较低，岩板上的支点孔距相对较小，可以满足训练和比赛的线路设计要求。其缺点是触感离真正的岩壁相差较远，表面的凹凸变化基本上由平面组成，没有曲面弯曲变化，

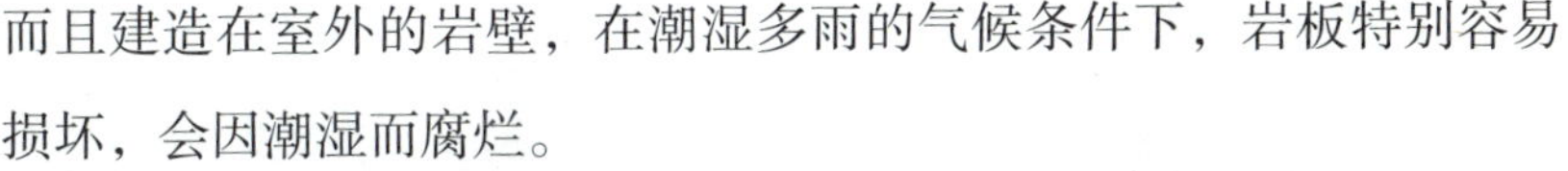
而且建造在室外的岩壁，在潮湿多雨的气候条件下，岩板特别容易损坏，会因潮湿而腐烂。

（2）合成岩板岩壁

合成岩板岩壁的基本材料是玻璃纤维补强多元酯。透过模块化的简单组合，简单的、变化复杂的造型设计，都可以如积木般组装起来，而且合成岩板岩的材料特性及其表面粗糙化处理，使得它在触感和立体变化上都有了木质岩板不具备的优点。岩板表面的树脂和特殊板材经高压处理后，具有较好的耐磨损及摩擦力，符合攀岩的需求。其缺点是岩板上的支点孔距相对较大，有时在线路的设计上需要定线员慎重考虑。

（3）喷浆混凝土岩壁

喷浆混凝土岩壁是在确认岩壁造型后，利用钢筋组成整个岩场的骨架结构，在钢筋上覆上一层增加结构的钢网，并在预定的地方安置凹入式岩点的空模，最后将整座架喷浆。待混凝土还未硬化时，由具有攀岩经验的专业技术人员在混凝土表面利用手工做出仿真岩石的效果，打上确保固定点，形成锁上岩块。喷浆岩场不像木质或合成岩板等模块化的岩场那样可以随时组装拆除，在完工之后不能再做改变，也正因为如此，它的设计不用考虑岩板组合的限制，可以自由发挥设计造型，从而使得每一座喷浆岩场几乎都是艺术雕塑品。

2．按攀岩板的造型分类

（1）平面造型岩板

平面造型岩板人工岩壁是由多块平面岩板组合而成，它除了最基本的平面搭建形式以外，在经过力学计算后，还可以裁剪成多块不同尺寸的岩板，组合成立体凹凸的岩面，并可以通过在板面上加装巨形支点，增加人工岩壁造型上的立体变化。

（2）3D 曲面造型岩板

3D 曲面造型岩板具有天然岩石的感觉，经过精心设计及安排，可用一定数量的岩板组成如天然岩壁样的立体岩场。这样的岩场在使用一段时间后，可以重新安排岩板，再建一座崭新的岩壁，可以保持攀岩者的新鲜感。

（3）自由造型雕塑岩壁

自由造型雕塑岩壁的外形没有任何限制，它的材质与平面造型岩板及 3D 曲面造型岩板一样，不同之处在于其可依照用户的需求，做成各种不同造型的图案，如卡通图案、企业标志、艺术图案。自由造型雕塑岩场不是用固定尺寸的单位岩板组成的，它没有尺寸大小的限制，只要设计出来的图案都可以做成岩场。所以，自由造型雕塑岩壁可以设计成各种山水景观，或者做成可攀登的公司产品的外形，也可让设计者发挥其创造力，配合整体建筑的设计，设计出既可作为景观又可攀登的岩场。

3．按岩壁的用途分类

（1）训练比赛型岩壁

攀岩比赛分为难度赛、速度赛和攀石赛。

国际攀岩联合会规定正式比赛的难度赛和速度赛场地不低于12

米，岩壁造型、岩面角度要尽量丰富。攀石场地一般高度在 4.5 米，并要求配置安全的保护垫，垫子表面需一体化。

（2）儿童娱乐型岩壁

儿童娱乐型岩壁的表面一般采取天然的环保材料，设计者须根据儿童的喜好，在造型设计上既要满足攀爬功能，又要有很好的观赏价值和娱乐价值。

（3）可移动岩壁

可移动岩壁是将岩板以钢结构安装在拖车上，将拖车拖到指定地点后，启动拖车上的油压，即可在短短的几分钟内架好几米高的岩壁。该岩壁的最大特点是能够快速搭建，适合在运动会、攀岩推广活动中使用，当然，也可以租来给孩子们的生日派对等其他活动使用。

❖ 人工岩壁的用途和优势

1. 人工岩壁的用途

（1）攀岩者可以熟练地掌握攀岩装备器材的正确使用及安全操作。

（2）攀岩者可以模拟户外天然岩壁参与各种攀爬。

（3）攀岩者可以进行基本攀岩技术的训练。

（4）攀岩者可以进行专业攀岩技术的训练。

（5）此类岩壁可以承接高水平竞技攀岩赛事及攀岩推广活动。

2. 人工岩壁的优势

（1）攀岩者可以在没有外在危险的状况下进行攀爬，不必担心落石等自然危险因素。

（2）岩壁既可以搭建在室内，也可以搭建在室外。在室内搭建的岩壁几乎不受自然环境因素的影响。

（3）定线员可通过人工线路的设定，满足不同水平的攀岩者的需求。

（4）通常人工岩壁都搭建在城市里，攀岩者不必花费大量的时间和费用到自然岩壁攀爬，即使周边没有自然岩壁的城市，也一样可以享受攀岩的乐趣。

近年来，我国人工岩壁的搭建每年都在扩大。除了承办国际性和全国性攀岩赛事的人工岩壁之外，不少大专院校、中小学，甚至幼儿园也都搭建了人工岩壁，有些学校将攀岩运动纳入到体育课程中。值得一提的是攀岩运动可以培养青少年坚强的意志品质，通过锻炼，他们将学会如何面对挫折与接受挑战。在国外，人工岩壁非常普遍。例如，日本东京人工岩场就有100多个，很多人会在这些搭有人工岩壁的休闲娱乐中心或健身房运动。随着攀岩运动在我国的普及和推广，人工岩壁的攀爬已成为青少年最受欢迎的体育运动项目之一。

自然岩壁场地

自然岩壁主要位于山区、海边、公路边。成熟的岩场通常具有表面平整干净、岩石结实、可攀登的路线集中、接近性好、岩壁下方平整安全等特征。适于攀登的岩质主要为花岗岩、石灰岩、砂岩。

❖ 自然岩壁主要岩石类型

1. 花岗岩

花岗岩由地下深处炽热的岩浆上升、失热、冷凝而成。花岗岩岩壁经过极端天气和冰川运动的影响，外形多样，或致密平坦，或粗糙繁杂。花岗岩岩壁经常存在宽窄不同的裂缝。在攀登过程中，易于放置传统保护器材，往往使用手和脚胀入裂缝进行攀登。在花岗倾斜面地形，通常具有良好的摩擦力。在攀登时，如果不使用膨胀螺栓，很难进行保护。

北京的白河地区、拉萨地区为典型的花岗岩岩区。

2. 石灰岩

石灰岩，是地壳中分布最广的一种在海湖盆地生成的灰色或灰白色沉积岩。从海边到高山，所有的海拔高度都存在石灰岩。石灰岩具有各种质地和形态，从十分紧密、光滑、发亮的岩面，到粗糙的、褶皱的或锋利边缘的岩洞。其独有的特征使攀岩者十分喜爱。在石灰岩的岩石结构中存在着很多的空洞，这是攀岩者喜爱石灰岩攀登

的原因之一。这些洞有的很大，往往具锋利明显的边缘，大到足以整个人都可进入。而有些洞又小到只能够一两根手指挤入。石灰华是一种石灰岩独特的岩石形态，可以进行有趣的攀登，往往出现在较难的路线上。由于其独特的攀登方式，很受攀岩者的喜爱。石灰岩岩壁由于其不规则的表面，适于开展运动攀登。进行传统攀登时，需要攀登者具有丰富的经验。国内的广西阳朔、贵州紫云格凸、云

南富民为典型的石灰岩岩区。

3. 砂岩

砂岩是一种沉积岩，是由石粒经过水冲蚀沉淀于河床上，经百年的堆积变得坚固而成。可以以传统攀登的方式攀爬。

由于表面粗糙，砂岩会对攀登者的手部、腿部和衣服产生巨大的摩擦。但是这样的岩质也会让人感到很微妙。

河南新乡万仙山景区为典型的砂岩岩区。

❖ 自然岩壁场地指南

1. 场地相关知识和注意事项

自然岩壁存在于路边、山区或者海边。在山区中攀登通常需要良好的体能。有些岩场由于距离公路较远，需要背负器材徒步较长时间才能到达。在徒步过程中，自然界中所存在的潜在风险，如天气的变化，温度的变化，徒步路线的情况，攀登路线上岩石的松动等，需要攀登者在野外活动中充分做好应对的准备。

在热天中，攀岩者应尽可能地穿少量的衣物。炎热会使人很容易变得精疲力竭。很多攀登者更愿意选择在一天中凉快的时间攀登，如在早晨或在下午的晚些时候。如果想在炎热的白天进行攀登，最好选择背阴的岩壁，或者去海拔更高的地方。在热天中，穿短裤和背心或者T恤衫将会很舒适。但这种着装方式对于攀登时擦伤和撞伤的保护有限，而且容易晒伤，应选择具有弹性的和防晒功能材质做成的背心或T恤。如果穿着短裤，则需要由结实尼龙材质制成和具有良好的设计，否则将容易受伤。如果想遮住更多的裸露皮肤，轻重量的、浅颜色的长裤将会保护皮肤不被晒伤或擦伤。

在极少数的情况下，将会在很坏的天气中进行攀登。在大雨中攀登是很不舒服的，而且岩壁变得十分湿滑。如果进入山区进行攀登，一定要随身携带防水和保暖的衣物。

为了背负所有的装备到达攀登场地，或在长距离的传统攀登中，攀登者都需要一个背包。在从攀登路线的起点到路线结束的长时间中，攀岩者需要背负所有的衣物。在欧洲，背包的容积是按照“升”来计量的。

在攀岩时一定要携带大量的水，这样你在攀登时才能够随时补充水分。不同大小的水瓶都可使用，也可以携带便携式的水袋，通过吸管方便地饮用。在一些设计中，这种水袋集成在背包中，但水袋也可以取出来，单独使用。

在自然环境中，尤其是在距离公路较远岩壁的路线上，如果发生事故，外界救援人员往往很难及时到达。这需要攀登者充分了解潜在的风险，意识到实际情况下可能发生的事故，做好预防措施。并具备基本的急救技能，携带基本的急救器材。

2. 自然岩壁场地指南

自然岩壁场地信息主要从岩场的向导书中获得。最新的信息也可通过从其他攀登者，或者网络上得到。向导书中一般包括本自然岩壁场地的基本情况，如天气、交通、食宿等信息。向导书包含对岩壁及路线进行描述的图片和手绘图，包括标识不同难度路线的指示线，以便攀登者可以在自己的能力范围之内选择路线。

攀岩运动的装备及使用方法

攀岩运动自诞生那一天开始便注定将发展为一项人类期盼回归大自然，同时向自我能力极限挑战的时尚运动。随着运动的开展，运动的安全一直被放在首要的位置上。人们不断地研制生产各种为攀岩者提供安全保障和便于这项运动开展的各种装备和器械。装备合格与否直接关系到攀岩者的生命安全。目前，攀岩装备通用的标准是：国际攀岩联合会（UIAA）测试标准或欧洲安全标准（CE），所有合格的攀岩器材被检定后都刻有安全认证标志。

❖ 装备的基础知识

目前世界上公认的攀岩装备多由法国、意大利、英国和美国等一些较早开展这项运动的国家生产，像大家熟知的 PETZL、BLACK DIAMOND、SIMOND、KONG 等，但这些装备商也有自己的主营方向。近些年来，我国涌现出了很多登山攀岩装备的代理商，而且个别装备我国也已经开始自主研发，并通过了认证，这些都为我国开展登山运动提供了便利条件。

装备都会涉及攀登者的生命安全，在选择和购买时必须考虑其质量、用途、性能等因素，根据自己的兴趣去挑选适合自己的装备，使用时还需要具备熟练、正确的操作能力，不可以随意使用。

❖ 攀岩运动基础装备的分类

1. 按材质分

（1）织物类（尼龙等材质）

绳子（rope）；扁带 / 绳套（sling）；安全带（harness）。

（2）金属类（铝、合金等材质）

铁锁（carabiner）；保护 / 下降器（belay/rappel devices）；上升器（ascender）。

（3）其他类

头盔（helmet）；攀岩鞋（rock climbing shoes）；镁粉袋（chalk bag）。

2. 按功能分

（1）保护性装备

绳子（rope）；扁带 / 绳套（sling）；安全带（harness）；铁锁（carabiner）；保护 / 下降器（belay/rappel devices）；上升器（ascender）；头盔（helmet）。

（2）辅助性装备

攀岩鞋（rock climbing shoes）；镁粉袋（chalk bag）。

❖ 装备使用基础知识

1. 绳子

攀岩中最直接的危险来自脱落对攀岩者产生的冲击力，使用攀岩用专业绳索是解决这一问题最主要的手段。它是由高强度的尼龙按特殊的方法编织而成，结构上由绳芯、表皮两部分组成，具有一定的延展性，可以吸收脱落时所产生的大部分冲击力，从而起到对攀岩者的保护作用，并在攀岩者与保护者之间建立连接关系。绳子一般分为动力绳（dynamic rope）、静力绳（static rope）和辅绳（cords）三类。

（1）绳子的相关指标术语。主要包括：静态延展性、坠落系数和冲击力。

①静态延展性

国际登联对绳子静态延展性的测试方法是将绳尾先系上 5 千克的重物实现一个预拉伸，之后增加至 80 千克，此时绳子的延展率单绳不得大于 10%、双绳和对绳不得大于 12%。

②坠落系数（fall factor）

由坠落的严重程度决定。系数越大坠落越严重。在攀岩中，坠落系数的值通常是从 0 到 2，它由下坠距离除以起作用的绳子长度计算得出。坠落的严重程度并不是坠落的距离，而是这个比值，因为

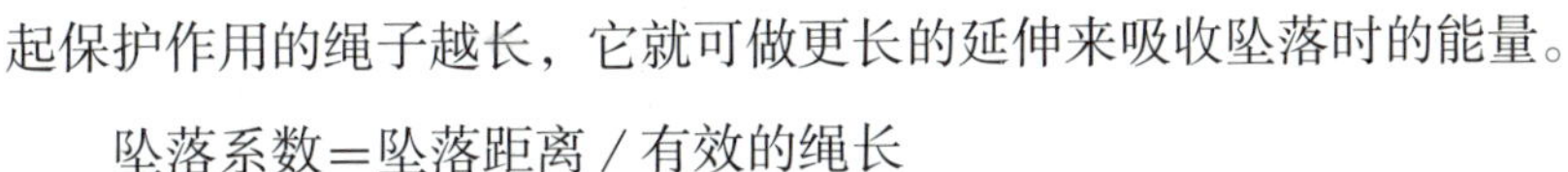

起保护作用的绳子越长，它就可做更长的延伸来吸收坠落时的能量。

坠落系数＝坠落距离／有效的绳长

坠落系数只是一个理论上的参考值，因为攀登过程中每个保护点之间、绳子的拐点等都会产生摩擦力，加上绳子具有延展性，保护员制动的绳长也不等，致使最终的坠落系数还是会有偏差的。

③冲击力（impact force）

当攀登者发生坠落后，所产生的能量将被保护系统，特别是绳子所吸收。如果绳子能够很好地吸收坠落的能量，攀登者受到的冲击力就会减小。当发生坠落后直至被制动住，攀登者所承受的力量，我们称为“冲击力”。冲击力的大小是根据坠落系数，攀登者的体重和绳子吸收坠落能量的能力所决定的，是一个综合动态的系数。

（2）动力绳

一般分为：单绳（single rope）、双绳（double rope）和半绳（twin rope）。

①单绳：

符号：①

直径：9.1～11毫米，一般长度为50米和60米。

用途：用于可能会产生冲坠的各种攀岩，最常见的是Sports Climbing。

②双绳：攀岩时必须两根同时使用，两根绳可轮流挂入不同保护点。

符号：½

直径：7.8～9.4毫米。

用途：常用于攀冰（Ice Climbing）、大岩壁攀岩（Big Wall）、器械攀岩（Aid Climbing）、结组攀岩以及登山结组过程中使用。

使用双绳攀岩可有效降低因路线改变而造成的绳索摩擦，从而使攀岩和保护更加安全；此外，在下降操作时又可延长双倍的下降距离。

③半绳：任何情况下必须两根同时使用，两根绳子必须同时挂入每个保护点。

符号：∞

直径：8.0～8.3毫米。

用途：与双绳类似，但由于要双股同时通过一个保护点，所以更安全，多用于易于出现较大摩擦的自然岩壁攀岩，其单根的重量也是最轻的。

（3）静力绳的基本知识

颜色：有一种主色覆盖率达到80%以上（目前主色多见的为白

色、黑色、红色等）。

用途：多用于下降及无冲坠状态下的操作，如下降、探洞等。

（4）辅绳的基本知识

性状：花色，比攀岩绳细（直径多为 5 ～ 8 毫米）。

拉力：视不同直径辅绳而异。

用途：攀岩中的辅助保护，如保护站设置用绳、抓结用绳等。

（5）攀岩绳使用中的安全注意事项

应经过国际登联（UIAA）或欧洲标准（CE）的认证。

考虑到易耗性，最好不要互相转借。

为保证安全，尽量避免接触强烈的紫外线。

避免接触油类、酒精、汽油、油漆、油漆溶剂和酸性、碱性化学物品。

避免接触水、冰、火、高温物体。

避免接触尖锐的东西（锋利的岩石、沙砾、冰爪、冰镐尖等）。

（6）攀岩绳的保养

①使用前

每次使用前进行检查，可用手捋一遍，应该粗细均匀，无鼓包，柔软度适中，没有明显变硬或变软的地方，检查绳子表皮有无破损。

②使用中

绳子在使用时，使用绳包、绳筐或防水布垫在绳子下（尤其在攀冰时更为重要）。使用绳子时不能踩、拖或当坐垫用，以防岩屑、细沙进入绳子纤维里面而形成缓慢切割。使用绳子时避免用作他途，如捆扎物品、晾衣服、拖拉重物等。

③使用后

使用绳子后解开所有的绳结并散开存放于阴凉、干燥、通风处。绳子要避免经常清洗。如需要清洗，应使用清水冲洗，如果要添加洗涤液，必须使用专业的洗绳液，然后风干。

（7）攀岩绳的使用寿命和报废

更换绳子时需考虑的因素有：承受过的冲坠次数、使用频次、磨损程度、使用舒适度等因素。

从绳子购入时，就开始进行编号管理，记录购买时间、每次使用的时间、使用频率等。

达到以下使用条件的绳子要进行报废处理：

承受过几次坠落系数接近于 2 的冲坠。

经过野蛮使用，如拖拉重物、汽车等。

被落石或落物击中过，经检查有明显伤痕。

表皮明显破损。

超过使用期限（使用频次不多的绳子超过 5 年也要考虑报废）。

2. 扁带 / 绳套

（1）用途

在保护系统中做软性连接，通常与人工或自然保护点直接连接后经铁锁连接形成保护点。

（2）分类及性能指标

①机械缝制（sling）：拉力达 22kN。

②手工打结（runner）：由于打结，拉力很难达到 20kN。

3. 安全带

（1）用途

为攀岩者和绳索之间提供一种舒适、安全的固定连接。

（2）分类及适用范围

按结构不同可分为：

①全身式安全带（胸式安全带）：多用于拓展、探洞等类似的活动。

②坐式安全带：用于登山、攀冰、攀岩等，也是最常用的。

4. 安全及使用注意事项

（1）穿戴时分清上下、里外、左右，尽量避免颠倒、扭曲。

（2）根据用途选择合适的号码，穿好后须松紧适度。

（3）安全带须穿在衣服的最外层，操作时不得有任何遮掩。

（4）腰带和腿带必须反扣回去，反扣后的长度应大于 8 厘米。

（5）在进行任何操作前，如攀岩、下降等，必须再一次进行检查是否达到安全规范。

（6）攀岩过程中不能解开或调节安全带。

（7）装备挂环不能用于保护、下降等任何受力操作（最多承重5千克）。

5. 铁锁

（1）用途

在保护系统中起连接作用，通常与扁带、安全带、绳子直接连接。

（2）分类及适用范围

①丝扣锁（保险锁、主锁等）：用于相对永久的保护点连接，如保护站中与主绳的连接点。

②普通锁（简易锁、一般锁等）：用于临时性的保护。

（3）性能指标（不同型号、不同品牌的主锁拉力指数会略有不同，以下数值仅供参考）

①纵向拉力：大于 20kN。

②横向拉力：大于 7kN。

③开门拉力：大于 7kN。

（4）铁锁的使用注意事项及保养

①尽可能保证纵向受力。

②丝扣锁在使用过程中要拧紧丝扣。

③锁门开口一侧要避免与绳子接触。

④使用中妥善佩戴，避免从高空坠落。

⑤丝扣处如有沙粒要及时清理。

⑥受力后不得与岩石、硬物撞击，要合理选择连接位置。

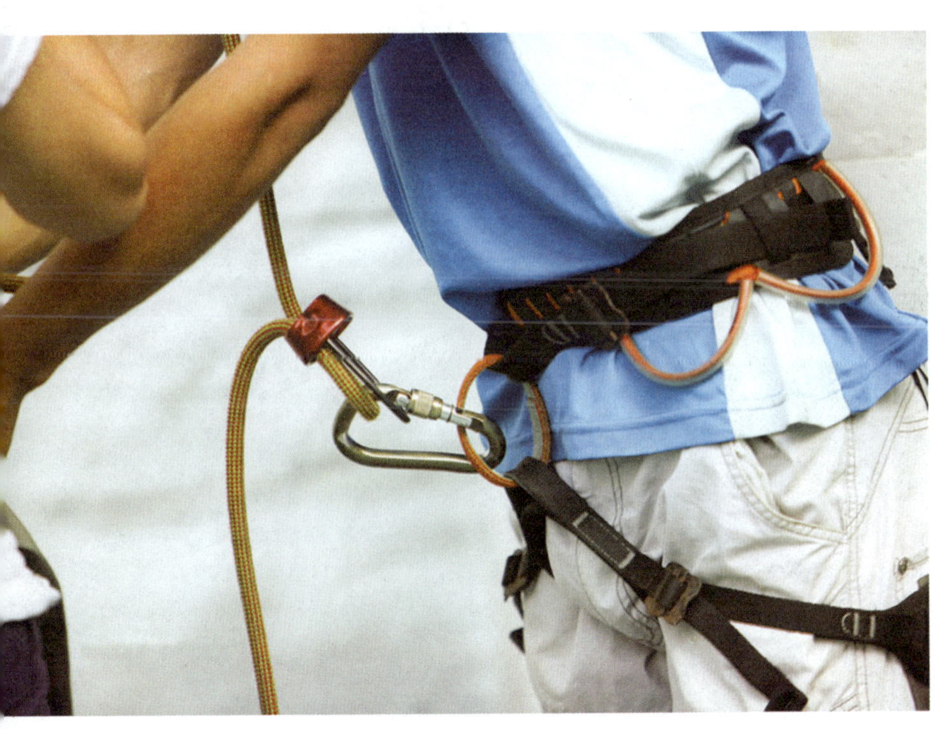

6. 保护（下降）器

（1）功能与作用原理

保护（下降）器是利用器械与绳子产生摩擦力，让绳子因摩擦而减速以至停止滑动，从而达到减速下降或停止的目的。

（2）常用类型及适用范围

① “8” 字环：最常用的保护器。

② ATC: 可以进行双绳操作的保护器。

③ REVERSO: 可以进行双绳操作，拥有自锁功能。

④ GRIGRI: 可以自锁的保护器。

⑤ TOUCAN：在多段攀岩中使用更加便利，拥有自锁功能。

攀岩

7. 上升器

在单绳技术中解决向上运动问题的器械，而在攀岩过程中起到保护作用。按用途不同分为手柄式、胸式、脚式上升器，其中手柄式上升器最为常用，分左手式与右手式两种，适应于不同用手习惯的攀岩者。胸式和脚式上升器多用于探洞运动中。

8. 头盔

在攀岩过程中用来避免头部受落石或其他落物引起的伤害，起到保护头部及颈部的作用。攀岩中使用的头盔为专用头盔，切忌用自行车头盔、工地头盔代替，因为攀岩用头盔具有特殊的设计特点，在有硬物坠落，当冲击力过大时，头盔会产生裂纹，目的是分散重力对颈部产生的冲击力，从而起到有效的保护作用。此外，现在的

技术越来越先进，头盔在透气性、舒适性、美观性上都有了很大变化。

在较复杂的地形上攀岩时（尤其是看不见上方攀岩者情况下），当听到从上方掉东西的声音时，不能抬头看上方，这样很容易被掉落的物体砸到脸上，头部应该贴近坡面，直到确认已安全。

9. 攀岩鞋

攀岩鞋是专门为攀岩运动设计制作的鞋子，鞋底一般用轻便、柔软、粘贴性强的橡胶做成，鞋面一般是用皮革等轻便耐磨材料做成。

攀岩鞋的功能是方便攀岩运动员在岩壁上更好地使用蹬踏等技术动作；边缘薄边的设计让脚可以踩稳很小的脚点。

攀岩鞋一般分为：系带式（Lace-up）、粘扣式（Velcro）和拖鞋式（Slipper）三类。

10. 镁粉袋

在攀岩运动中，用于存放镁粉的袋子，其作用是吸收手掌上的汗水和增加攀登时的手部摩擦力。

攀岩运动常用绳结

在攀登过程中，绳子要与其他保护装备、固定点及绳子自身发生各种连接，以解决各种实际需要。绳结技术是确保攀登安全的基本技术。打绳结本身很容易，重要的是要能学以致用，要做到根据实际情况采用安全、高效的解决方案，这种能力需要在实践中不断总结经验。

小贴士

从事攀岩运动的注意事项

不管是户外的攀岩活动，还是在室内的人造岩壁上攀登，都存在着一定的危险性，因此，在攀岩的时候需要注意以下几点：

1. 攀岩前的准备。在正式攀登之前，需要仔细观察岩石的风化程度，以及是否有松动的情况，然后再确定一条相对安全的攀登路线。在确定路线以后，登山者要认真检查自己的装备是否完善，所设的保护装置是否正确、稳固。

2. 在攀登过程中，登山者要注意动作要领，用三点固定法逐渐向上移动，即保持手脚中的三点稳定来保证身体的平衡，然后移动一点，逐渐向上攀登。在攀登的过程中，登山者要注意每一步步幅要小，步伐要稳。在向上移动的过程中，不要选择易碎的岩石作为稳固点，用力的时候也只能直上直下地推拉，而不能斜着用力，否则有碎石落下的危险。一旦出现碎石下落，要一边躲闪，一边大声喊叫提醒下面的同伴。

3. 初学者或者经验比较少的登山者在攀岩的时候，最容易犯的错误就是时刻都想将自己的身体紧紧地贴在岩面上想保持身体的平衡。其实，这样做反而会降低身体的稳定性，使身体失衡。当攀登通过狭窄而没有手抓点的山脊时，只能保持脚下两点的稳固，将身体贴近岩面，然后用手支撑身体慢慢移动。

4. 在攀登的过程中，登山者不要以岩面上的植物为支撑点，这些植物的根部一般都不会很深，不能承受很大的拉力。如果遇到有积雪或者苔藓的岩面，最好不要攀登。

5. 不管是为他人做保护，还是自己是被保护者，都要集中精力完成自己的任务，这是对生命负责的态度。尽量不要在没有任何保护的情况下进行攀岩运动，以免发生意外。

第三章

攀岩运动的基本技术

攀岩基本手法

攀岩运动中手的主要作用是维持身体重心平衡，协调配合脚的用力。攀岩基本手法是根据岩壁的支点上凸出或凹陷的位置、大小和方向，进行抠、捏、按、握、勾等方法，根据用力方式或攀爬走向的不同，同一支点可以有多种抓握方法。

1. 握：通过手掌及手指用力，将手固定在支点上。

2. 拉：抓住正上方支点，通过上下肢协调用力，使身体重心向上移动的动作。

3. 抓：正向四个手指三个指关节全部抓入支点。

4. 抠：通过手指指尖（一或一二指关节）弯曲抓住支点。

5. 压：第一指关节钩挂住支点，一二指关节竖起，与支点开口方向垂直，拇指压住食指。

6. 捏：大拇指和四指相对用力，夹住支点。

7. 摁：靠摩擦使手掌掌面在支点上向心用力。

8. 撑：靠摩擦使手掌掌面在支点上离心用力，即利用支点、岩壁造型或其他地形，以手掌和小臂使身体重心向上或向左右移动的动作。

9. 推：利用侧面、下面的支点或造型以手臂的力量使身体重心横向移动的动作。

10. 搂：屈手并用手掌内侧（小指一侧）与支点接触固定。

11. 戳：在抓握指洞点时，一个手指深入支点指洞内，大拇指压住其他三指。

12. 胀：将手伸进造型缝隙里或两个支点之间，用弯曲手掌或握拳，通过手与造型裂缝的摩擦固定住手，使身体重心向上或左右移动的动作。

攀岩基本脚法

攀岩要想达到一定水平，必须学会腿脚的运用。腿部较手部有更强的负重能力、耐力、爆发力，攀登中要充分利用腿脚的力量。

一只脚，能接触支点的只有四处：脚（鞋）尖正前；脚尖内侧边（拇指）；脚尖外侧边（四指指尖）和脚后跟尖（主要是翻屋檐时用来挂脚），而且只能踩进一指左右的宽度，不能太多，比如，把整个脚掌放上去，为的是使脚在承力的情况下能够左右旋转移动，实行换脚、转体等动作。换脚是一项基本的技术动作，攀登中经常使用。攀爬中主要依靠脚发力来完成各种技术动作。通过练习你会发现即使螺丝钉大小的支点也能踩得很稳当。

1. 脚尖正踩点：脚尖踩点，脚趾并拢用力，重心放于脚上承担。

2. 脚尖外侧踩点：小脚拇指用力，脚外侧贴近岩壁。

3. 脚尖内侧踩点：大脚拇指用力，脚内侧贴近岩壁。

4. 踩摩擦点：在斜坡或造型板上，通过脚前掌与岩面的摩擦，固定住。

5. 脚尖钩点:用脚尖钩住点,通过膝关节的向回收力,挂住身体。

6. 脚尖挂点:用脚尖挂住支点上部，垂直地面用力，挂住身体。

7. 脚跟钩点：用脚后跟钩住点，通过膝关节的向回收力，钩住身体。

8. 脚跟挂点：用脚后跟放于点上部，挂住支点，通过挂脚下肢向下用力，挂住身体。

9. 胀脚：在裂缝攀岩中，通过脚尖的旋转使脚在裂缝中固定。

攀岩运动的基本技术动作

攀岩技术是指在攀岩规则允许的条件下，运动员采用的各种合理的攀爬动作和为完成整条线路所必不可少的其他配合动作的总称。合理的攀爬动作指攀爬者在不伤害自己的情况下用最省力的攀爬方式完成线路，攀登中，应明确地意识到自己重心的位置，灵活地控制重心的移动，移动重心是为了保持身体平衡并减轻双手的负荷。初学攀岩者首先应体会身体重心、平衡、手脚的配合运用等基本技术，在横移练习时尽可能手臂伸直，重心下沉，用力点放在脚上，通过下肢的移动，充分利用侧拉、折膝等技术动作来体会三点固定的移动和换手、换脚的技术动作进行练习。

1. 异侧侧拉

侧拉能极大地节省上肢力量，深受初学者喜欢。手脚对侧使用，脚外侧贴近岩壁，身体重心处于手点下方，通过腿脚的蹬起、髋关节、腰部、躯干的旋转使身体重心向上移动，当到达脚蹬发力抛物线最高点时，上肢发力把重心拉引向目标点。适用于当下方支点位于手点正下方区域，手点抓握方向向上，目标支点位于手点正上方较近区域时使用（其基本技术要点是身体侧向岩壁，以身体对侧手脚接触岩壁，另一条腿伸直用来调节身体平衡，靠单腿力量把身体顶起，抓握上方支点）。

2. 同侧正拉

左右手各抓握一个支点，目标点对侧脚踩点。通过双手和脚共同向目标点方向发力，使身体重心大幅度向目标点移动，重心移动到发力抛物线顶点时，快速伸出发力脚对侧手去抓目标点。用于发力手点较小，脚点较近较高，目标点较远时使用。

3．换手

通过重心的移动依次替换出抓握手，替换次序为无名指换抓握点手的食指，中指换抓握点手的中指，食指换抓握点手的无名指。适用于脚点位于手点下方区域，抓握点较小，需要换手的地方。

4．换脚

换脚是一项基本的技术动作，攀登中经常使用。保证身体重心的平稳，不增加手上的负担，通过一脚尖在点上的旋转，腾出空隙

切换另外一只脚踩点。

5．反扣

手脚对侧使用，脚外侧贴近岩壁，身体重心处于手点下方，通过腿脚的蹬起、髋关节、腰部、躯干的旋转固定身体并使重心向上移动，当到达脚蹬发力抛物线最高点时，出手抓目标点。适用于手点抓握方向向下（与脚点相对），脚点和手点较近，而且目标点较远时使用。

6．蹿跃

两手抓点，一脚踩点，另一只脚踩住高于脚点的岩壁位置，通过上下肢瞬间爆发力，使重心大幅度提高，手脚点离开岩壁，飞跃到目标点。适用于当下方支点位于手点正下方区域，手点抓握方向向上或向目标点方向一侧，目标支点位于手点正上方较远区域时使用。

7．脚挂手点

左右手各握一个抓握点，手脚对侧使用，用脚跟挂住其手点，通过脚跟钩挂用力，使身体重心往上运动，达到脚跟发力顶点时，用脚跟和对侧手固定身体，伸出另外一只手抓目标点。适用于在下方没有脚点，目标点处于正上方区域且较远较小时使用（手脚同点技术主要用在支点比较稀少的线路上）。

8．挂脚顶胯

手脚对侧使用，通过膝关节的发力，使身体重心向脚点上方移动，当达到脚发力移动重心的极限时，上肢推动重心接着移动，直至身体重心移动到脚点正上方的平衡位置，上肢和下肢同时发力，把身体重心推向目标点。适用于下方支点和目标支点位于手点同侧区域，手点抓握方向向上或向脚点方向一侧，下方脚点和目标点距离手点较远时使用。

9. 脚钩挂手点

左右手各握一个抓握点，手脚对侧使用，用脚跟挂住手点，另外一只脚脚尖钩住此手点，通过一只脚用脚跟挂，另一只脚用脚尖钩，同时用力，使身体重心往上运动，达到脚跟发力顶点时，用脚跟脚尖和对侧手固定身体，伸出另外一只手抓目标点。适用于在下方没有脚点，目标点处于抓握点左右区域且较远较小时使用。

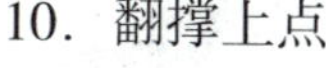

10. 翻撑上点

左右手各握一个抓握点，通过上肢快速发力，使身体重心迅速向上移动超过双手抓握点，当身体重心超过抓握点时迅速将抓握的手型变化撑点手型，然后上脚踩住手撑点，站起抓握目标点。适用于小角度仰角造型，在下方没有脚点，目标点处于抓握点上方区域

且非常远、目标点较小时使用。

11．转膝侧身

左右手抓握同一个支点，左右脚各踩一个支点，根据目标点，向内旋转同侧脚膝关节同时转动身体，使身体侧面靠近岩壁，带动身体重心向岩壁靠贴，通过四肢和躯干的肌肉扭拉力固定好身体。适用于休息时使用，可轮换旋转两只脚的膝关节，使对侧手得到休息。

12．折膝别腿

左右手抓握同一个支点，左右脚各踩一个支点，根据目标点，向内旋转同侧脚膝关节同时转动身体，使膝关节低于脚点，身体侧面靠近岩壁，带动身体重心向岩壁靠贴，通过向内旋转膝关节的脚发力，使身体重心向膝关节旋转反方向移动。适用于上肢抓握点较小，脚点较高，目标抓握点在左右侧较远时使用。

13．引体抓点

双手抓握支点，依靠上肢的力量引体向上，快速抓住下一个支点。适用目标点支点较大而且距离不大没有脚点时使用（屋檐或斜壁上使用）。

14．膝挂肘

用膝关节至大腿根部挂入另一侧手臂的肘关节，通过身体旋转固定提高身体重心，从而抓住下一个支点。适用于抓握点大、目标点不大、距离较远时使用。

15．单腿平衡

用脚尖或脚跟踩点，踩点脚弯曲，将身体重心全部移到支撑脚上，另外一只脚直放于脚点侧面紧贴岩壁，通过身体重力和脚对脚点摩擦力的剪切力，使身体平衡于脚点上。适用于岩壁角度较小，脚点较大，选择休息时使用。

第四章

攀岩运动基本战术

攀岩运动的线路观察

❖ 首攀能力的战术

首攀能力的重点在于注意力的集中，只有全神贯注才能在有限时间内将体力和技巧充分发挥。由于仅有一次攀爬机会，因此其战术与攀登能力注重对不同线路事先计划。在集中注意力方面，首攀能力可从宏观及微观两个角度思考。在攀爬简易路线时，不太需要集中全部注意力，此时可从宏观角度，思考后续动作或审视整条线路的体力分配。但在较难线路时就必须从微观角度，全神贯注以突破体能与技巧的瓶颈。

1. 宏观思考

首先在开始攀登前，可做如下自我评量：线路长短；中途是否有休息点；可否将线路分段；采用何种节奏攀登这些路段；何时扣快挂较合适；线路是否有难点或易失误的地方等。其次，首攀能力增强的另一个重点是疲劳的分散技巧。为了在肌肉僵化时仍能借休息时把乳酸排除并恢复体力，必须掌握力竭的时间。为此，应从宏观角度审视后续路段，以变换支点握法延缓疲劳的发生，如交替使用不同手指或以拇指分担四指的负荷等。

2. 微观思考

从微观角度进行思考。此时无论是肌力动员，还是技巧施展都处于临界点，攀登者只有集中注意力，才能突破眼前难关。在这一关键时刻，必须忽略绳索或坠落恐惧等带来的不利因素，并拥有良好的自我控制力及危险处理能力，这就是指危急时刻的反应敏捷度。参加比赛是微观思考的最佳训练方式。由于比赛时，即使无法完攀，

一步的差距也可能使排名全盘扭转。因此运动员即使力竭，也会为争取佳绩去多攀一个支点，从而发挥最大潜能，排除其他消极因素。

3. 首攀能力

由于首攀能力主要取决于反应力和判断力，因此只有多攀登新线路才能进步。必须经常变更攀岩地点和岩质，避免使用特定的攀登姿势与技巧。另外，速度攀登或随机支点攀登训练亦可提高运动员的反应力与判断力。

❖ 攀登能力的战术

攀登能力战术是指在合理范围内将运动员能力完全发挥，从而达到某一特定目标的策略，它不同于心理层面的潜能激发。由于极

限攀登可经由不断练习、修正和避免先前的缺失，寻找出最适当的攀登技巧、节奏及支点，因此极限攀登级数要高于首攀能力。极限攀登能力的战术训练主要包括攀登线路的选择、单一动作的缺失排除、数个动作的结合及排除连续动作的缺失等。

1. 攀登的线路选择

在提高攀登难度级数时，许多运动员常常会尝试远远超出自身能力的攀登线路，这种过于急躁的做法不但耗时，而且将会扼杀进步的空间。由于攀登能力是建立在排除动作缺失的基础上，进而将体能与技巧发挥到极致，因此建议选择首攀最高难度级数加一级的攀登线路进行攀登练习。

2. 排除单一动作缺失训练

在选定攀登线路后，就要按顺序解决不同的难点。每个攀登动作的完成程度，都取决于运动员对该动作的理解程度及体能状况。在初次攀登时，仅能观察到岩点的方向和位置，并按过去的经验进行攀爬，这样由于对线路所知有限，不可避免地会耗费多余的力量，但在调整好姿势及寻找到休息支点后，便会较为省力。另外，在保护绳索的辅助下，还可排除体能变数，减少心理恐惧感，使攀登技巧充分发挥。

3. 数个动作的结合

数个动作的结合是指把熟练掌握的单个动作技巧连贯起来完成。

（1）分散疲劳

线路攀登的困难，往往是由于特定肌肉力竭所致。如果能让疲劳由不同肌群来分摊，就能使肌力做到最有效的发挥，而极限攀登的特性便在于可事先构思最省力的攀登姿势。就支点来说，最简单的握法并不一定最省力，因为当一连串动作结合时，固定握法将使单一肌群迅速力竭。例如，假设某一线路特点是连续使用第一指节前缘扣住支点，此时就可在攀登前半段采用开放性握法，为线路后半段预留所需肌力。

分散疲劳的技巧主要有：

交换使用不同手指握点；

大拇指用力，以减轻其余四指负荷；

以手掌外缘握住凸点，使手指暂时休息；

以动态姿势攀登简单路段，预留静态支撑动作所需的肌力；

将重心移至脚上，使手臂暂时放松。

总之，需要全盘考虑并合理分配整条线路的力量使用，并在难点前的路段预留体力。

（2）决定挂快挂及擦镁粉的时机

就挂快挂而言，应该选择脚点较佳的支点，即使是上半身已超过固定点也无妨。因为在过低位置将绳扣入快挂，不仅在抽绳时较耗时（尤其当保护者给绳较慢时），如不幸松手，坠落距离将更大。擦镁粉时，应选择最平衡、最轻松的姿势，使肌肉获得真正的放松。

（3）消除先锋攀登的恐惧感

上方保护攀登与先锋攀登的最大区别，在于对坠落的恐惧感。为了不使恐惧感成为攀登能力的限制因素，可在每一固定点事先练习挂快挂动作。

4. 排除连续动作缺失

在排除单一缺失后，便是连贯一系列的动作。然而，从起步攀登处开始连贯动作并非最有效的攀登方式。假设难度平均分散在整条线路上，则体力必然会随攀登高度而递减。在这种体力递减的情况下，攀登技巧就很难发挥，因此必须加强较高支点的攀登技巧训练。

应当从“为何无法完攀线路”的角度,而不是由“能攀到多高才坠落”的角度来思考问题。因此在练习时应遵循：

（1）从高处逐步向低处将动作连贯，而非每次均从起步开始；

（2）对特殊难点应加强练习。

5. 意念攀登（表象训练）

由于攀岩动作具连续性，因此意念攀登（表象训练）的目的是在大脑中复习、整合以前的练习，借以提高动作的流畅性。首先，可将不同动作转化成一连串的关键词以方便记忆,如侧身上、动态等。其次,在冥想时如果对某一动作产生迟疑,就需要再回到岩壁上练习,并将其化解。最后，可把自己想象成旁观者，以自省的方式对快动作或慢动作反复观察并记住自己的攀登姿势。

攀岩战术训练

❖ 战术训练的基本要求

1. 深刻把握项目制胜规律

运动训练（包括战术训练）的主要目的是在竞赛中夺取优异运动成绩,“夺取”的过程实质上就是“制胜”的过程。而要制胜，就必须遵循制胜规律。这是战术训练最基本的要求，也是形成正确战术观、正确制订战术方案、正确实施战术训练、在比赛中正确运用战术的前提性条件。

2. 抓住战术意识培养这一核心环节

战术意识这一特殊思维活动过程由战术信息选择与战术行为决策两个前后为序、紧密相连的部分组成。其具体内容体现在：技术运用的目的性；战术行为的预见性；判断的准确性；攻防转换的平

衡性；战术变化的灵活性；战术配合的协同性；战术行为的隐藏性等。

培养运动员的战术意识，是战术训练的中心环节。具体方法通常有：系统了解专项竞赛基本规律与战术特征、比赛中战术变化的规律及正确的应变措施、专项战术的发展趋势；积累专项战术理论及经验知识；大量而熟练地掌握基本战术等。

3. 着重培养运动员战术运用能力

在运动训练中，应当把培养运动员在各种复杂而艰苦的条件下合理运用战术的能力放在相当重要的位置上。这也是在战术训练中贯彻“练为战”思想的具体要求。

战术运用的基本要求为：第一，明确的目的性和针对性。任何战术的运用都必须有明确的目的性，做到有的放矢。战术行动合理、针对性强，做到特定战术解决特定问题。第二，高度的时效性。战术运用目的是制胜，因此，应以能否达到制胜的目的为准，力戒华而不实。第三，高度的灵活性。能根据场上千变万化的局势，灵活机动地坚持运用有效战术，力争主动、避免被动，使战局向有利于本方的方向发展。

4. 处理好个人战术行为与集体战术配合的关系

个人战术行为指运动员在战术活动中表现出的个人行为，是运动员个人战术的直接表现，亦是集体战术行为的基础。

个人战术行为能力可分为“单兵作战能力”和“协同作战能力”。在集体项目中，个人战术行为的目的或为直接制胜，或为队友创造

机会制胜。个人战术能力培养是提高个人战术行为能力的关键环节。此外，丰富的战术理论知识、结构独特的个人战术体系及由此而形成独特的战术风格，都是加强个人战术能力的必备条件。集体战术以个人战术为基础并对此加以协调配合。集体战术能力是运动队伍整体竞技能力极为重要的组成部分。在集体对抗性项目中，合理有效的集体战术往往是取得胜利的关键。

战术配合是集体战术行为的核心。战术配合的构成因素有：参与配合的人数；每个人的行动方式；个人行动目的与战术配合目的的关系等。

5. 重视战术组合

随着现代运动竞赛的日趋激烈，战术也在向“复合化”方向发展，靠单一战术制胜的局面已不多见。从某种意义上讲，复合就是组合。如何将多套战术有机地结合起来并在比赛场上极富针对性地使用，是衡量运动员战术水平高低的主要标志。

战术组合可分为程式性组合与创造性组合两种。

（1）程式性组合

程式性组合是指将各种战术行动在空间上、时间上按一定的顺序所构成的战术组合。各专项教科书所载战术（配合）多指此种，如足球中的阵形战术，篮球中的联防、盯人战术等。另外，根据特定对手而专门制订的战术组合也可归入此类。

（2）创造性组合

创造性组合指根据比赛临场变化情况，不按固定程式，创造性地将几套战术组合在一起。“随机性”是这种组合的重要特征。

程式性组合既可表现于训练之中，又可表现于比赛之中；而创造性组合更多地表现于比赛之中。程式性组合能力是创造性组合能

力的基础。运动员对程式性组合掌握得越多、越熟练，就越能开发创造性组合。创造性组合能力不能简单地等同于程式性组合，后者的神经生理机制可用经典动力定型理论解释，而前者至今尚未得到权威性的说明。虽然如此，运动员在比赛中的创造性却是必须加以着重培养的能力。

❖ 战术训练方法

战术训练方法的采用应根据专项比赛的要求，有利于发挥运动员的身体和技术特长，能充分调动运动员的主动性和积极性。

1. 分解与完整训练法

分解战术训练法是指把一个完整的战术组合过程划分为若干个相对独立的部分，然后分部分进行练习的方法。这种训练法常在学习一种新的战术配合形式时采用，其目的在于让运动员掌握某种战术配合的基本步骤。

完整战术训练法是指完整地进行战术组合练习的方法。这种方法常在运动员已具备一定的战术知识和战术能力后采用，其目的在于使运动员能够流畅地执行整个战术组合过程。

2. 减难与加难训练法

减难训练法是指以低于比赛难度的要求进行训练的方法。这种方法常在战术训练的初始阶段采用。如同场对抗性项群的球类项目中，最初可在消极防守或不加防守的条件下完成战术练习，待运动员已掌握战术的基本步骤后，逐渐加强防守提高难度以达到比赛要求。

加难训练法是指以高于比赛难度的要求进行训练的方法。这种方法的目的是提高运动员在复杂困难的情况下运用战术的能力。采用的方式一般有：限制完成技术动作的空间和时间条件（如限制场地、

缩短时间等）；与不属同一级别的高水平运动员或运动队对抗、采用比正式比赛条件更严格、更困难的标准进行训练等。

3．虚拟现实训练法

虚拟现实训练法是指运用高科技设备，将未来可能出现的比赛场景提前在电脑屏幕上“虚拟”出来，从而帮助运动员提高预见能

力及在各种情况下灵活有效地运用战术的能力的训练方法。这种方法目前在德国、英国等足球队中运用得较为普遍。可以预计，随着高科技手段在运动训练和运动竞赛中的广泛渗透，虚拟现实训练法也将在更多项目中得到采用。

4. 想象训练法

想象训练法是一种心理学训练法。这种方法是在运动员大脑内部语言和套语的指导下进行战术表象会议，能够帮助运动员在大脑中建立丰富而准确的战术运动表象。

5. 程序训练法

程序训练法是近年来从教学领域引进的一种训练法。在运用程序训练法进行制胜训练时，除应遵循由易到难、由简到繁、从固定到变异的一般性程序外,还应特别注意编制不同项群战术训练的特殊程序。

体能主导类项群可考虑采用如下训练程序：不同战术方案选优→重复训练→不同情况下实施战术训练→在实战条件下进行训练。

技能主导类对抗性项群可考虑采用如下训练程序：无防守训练→消极防守训练→积极防守训练→模拟比赛训练→实战训练。

6. 模拟训练法

模拟训练法指在获得准确情报信息的基础上，通过与模仿重大比赛中主要对手特征的陪练人员的对练，以及通过在与比赛条件相似的环境中的练习，使运动员获得特殊战术能力的一种针对性较强的训练方法。

随着运动员训练实践的发展，模拟训练法的应用范围逐渐扩大。不仅应用于技能主导类格斗对抗、隔网对抗、同场对抗类项群的战术训练之中,而且在体能主导类项群中,为使运动员能针对比赛场地、气候、日程安排等具体情况进行有效的战术准备，模拟训练也在逐渐开展。

7. 实战法

实战法是指在比赛中培养战术能力的方法。这种方法可使运动员对战术的理解更为直接、更为深刻。在参加重大比赛前，往往安排一些邀请赛或热身赛等，其目的之一就是演练将在重大比赛中使用的战术，以检验其有效性。

❖ 比赛战术训练

1．战胜威胁感

参加比赛与训练的最大差别是胜败的心理压力。压力对运动员是动力也是阻力，要视个人的诠释与意志力而定。有人认为比赛的竞争性完全违背攀岩的基本精神；有人认为无论比赛中有多少竞争者，最重要的还是战胜自我，并将优秀的一面表现出来。也就是说，比赛的最大竞争来自自己而不是对手。

2．赛前热身

赛前热身的目的，不仅在于提高体温以使生理状况达到最佳状态，更是为了使神经系统习惯于攀登动作。因此，赛前热身必须与实际攀登相结合，并将协调性与攀登技巧融入热身运动中。由于肌肉的离心收缩可刺激最大动员能力，因此，最好采用向上和向下攀的方式热身，以使最大肌力发挥到极致。

3．选定目标

每个参赛运动员都有其参赛动机，但无论是战胜对手还是挑战自我，都必须选定自己的参赛目标。只有选定目标，才能集中精力与坚持理想。然而在难度攀登竞赛中，运动员无法得知对手的表现及定线员的意图，因此究竟应以提高名次还是以完攀线路为目标，便是一大难题。虽然目标因人而异，但如能根据自身的优缺点选择战略性目标，便能在难关前集中注意力排除消极因素。此外，比赛时也可选定某些战术性目标，以自我提醒的方式，弥补原有动作缺失及避免因紧张而发生的失误。但是，选择的目标数量不可过多，否则注意力将被分散。

4. 模拟比赛情境训练

模拟比赛情境训练就是模拟与攀岩比赛相似的环境进行的专门性训练。如果比赛时需要连续攀爬 5 条持续 10 分钟的线路，训练时就不要在每完攀一条线路后做长时间休息。

5. 恶劣环境训练

许多运动员为了模拟比赛时的情境，而选择在最恶劣的环境下进行训练，以更好地适应比赛环境，如运动员选择在烈日下进行攀登训练，以适应在热天举办的比赛。这种融入所有负面因素的战术训练，可使运动员在比赛时全神贯注，并坦然而自信地面对任何考验。

第五章

攀岩运动的练习指导

攀岩体能是指攀岩运动员机体的基本运动能力，是经过身体训练而获得的人体各器官系统的机能在肌肉活动中表现出来的能力，它取决于动作过程中能量物质的代谢水平，是竞技能力的重要组成部分。通常以力量、速度、耐力、柔韧、灵敏、协调、平衡等进行比较和衡量。

构成攀岩运动员体能的身体形态、机能、素质三个因素都有其各自相对独立的作用，但又有着密切联系，彼此制约、相互影响，其中每一个因素的发展水平，都会影响体能整体的发展水平。运动素质是攀岩运动员体能的外在表现，所以，在攀岩训练中，各种以提高体能为目的的训练，多以发展各种运动素质为基本内容。

攀岩运动所需的运动素质和能力

运动素质是运动员在运动过程中机体各器官、系统在中枢神经系统的支配下所表现出的各种基本的运动能力。这些素质和能力主要包括力量素质、速度素质、耐力素质、柔韧素质、灵敏素质以及协调能力和平衡能力。这些素质的好坏与能力强弱取决于运动员身体的形体结构，各器官系统的功能状态，能量物质的储备以及运动员的身体健康状态。不同的运动项目其运动素质的构成因素不同。

1．力量素质

力量素质是人体肌肉工作克服阻力的能力，是身体素质的根本，攀岩项目要求有一定的力量，尤其是肌肉的相对量与运动成绩有着比肌肉绝对力量更为重要的关系。

攀岩运动不像其他的运动项目，需要大肌肉群做耐力性动作，而大多是以手脚的“三点固定法”作为攀爬手法，运用上肢和下肢的拉、抠、撑、握、捏、推等动作，以及在身体其他部分的综合力

量的协调配合下来完成技术动作，在攀岩过程中，攀岩者主要是克服自身体重，因此攀岩者追求的是力量与体重的最大比例。依据攀岩运动的动作技术分析，力量训练是提高攀岩技能的基础，发展上臂肌、前臂肌、足肌、手肌的力量则是关键，其他涉及的肌肉力量应是普遍发展。所以选取力量练习方式进行训练的时候，必须有针对性地加强上臂、前臂、手指和脚趾肌肉力量的练习。

2. 速度素质

速度素质是人体快速运动的能力。速度素质分为反应速度、动作速度和位移速度。反应速度是人对各种信号刺激快速应答的能力，动作速度是人体快速完成某一动作的能力，位移速度是周期性运动中单位时间内人体快速位移的能力。

进行攀岩速度素质训练时应遵循下列基本要求：

（1）速度素质的训练要结合运动员的攀爬内容进行。如速度攀岩训练时要提高听觉与触觉反应能力；

（2）速度素质训练要在运动员兴奋性高、情绪饱满、运动欲望强的情况下进行；

（3）速度素质训练是大强度无氧代谢为主的运动，需要以有氧代谢为基础。

3. 耐力素质

耐力素质是机体长时间工作抗疲劳的能力。耐力素质可以分为一般耐力和专项耐力；按照生理分类有肌肉耐力和心血管耐力；心血管耐力又可以分为有氧耐力和无氧耐力。攀岩运动作为一项集娱乐、健身、运动于一体的运动，耐力水平是一项重要的身体素质。

在进行耐力素质训练时应遵循下列基本要求：

（1）耐力素质训练中要注意对运动员呼吸能力的培养：加大呼吸的深度，培养运动员用鼻呼吸的能力，呼吸节奏和动作节奏；

（2）耐力素质训练中注意对运动员意志品质的培养；

（3）攀岩耐力素质训练要以有氧耐力为基础。

4. 柔韧素质

柔韧素质是反映关节活动的范围大小的一项素质。柔韧素质决定了攀爬者肢体在岩壁上所能做到的姿势以及能否做出比较理想的动作。柔韧素质一般包括被动性柔韧和主动性柔韧两种。

柔韧性训练是攀岩训练中不可缺少的重要组成部分。攀爬者大多是以“三点固定一点移动”的基本技术在岩壁上移动，只要能让除移动点之外的三点尽量保持正三角形，并使身体重心贴近岩壁，让双脚承担体重，便能保持身体平衡，而这一动作的完成需要良好

的柔韧素质基础。此外，在向上攀岩时的抬脚动作、岩面上完美的平衡动作、省力的休息姿势、防止受伤等方面都需要良好的柔韧性。

5. 灵敏素质

灵敏素质是指人体在各种条件下能准确协调地完成复杂动作的能力。灵敏素质可以改善专项技术动作的协调性，可以提高对线路的判断、反应和快速反应的能力。灵敏素质包括一般灵敏素质和专门灵敏素质。攀爬运动员在比赛时随机应变能力要强，尤其在速度赛中要对陌生的线路做出快速反应，以最快速度做出合理的动作。

6. 协调能力

攀岩技巧源于攀爬时肢体移动的有效性，亦即身体的协调性。攀岩是一项结合爆发力、耐力、柔韧性等体能要素的运动，但这些要素之间并不会主动达成协调，攀岩的协调性便在于调配这些体能要素，以最省力的方式在岩壁上移动。而如何调配这些体能要素，最有效地在岩壁上移动，就是协调能力的体现。

攀岩是技能主导类表现难度项群的竞技运动项目，协调与技巧在其竞技能力构成中起决定性作用，因此协调与技巧训练是攀岩训练的核心组成部分，主要包括基本动作和高难动作的训练以及新技术动作的创造。

7. 平衡能力

平衡能力在攀岩过程中，主要体现在身体重心的移动与控制和支点的选择方面。因此，对攀岩运动员平衡能力的训练，主要是培养运动员对攀登时间与空间的判断能力，提高定位、定向能力，培养在不同情况下控制身体姿态与重心平衡的能力。

攀岩运动的练习原则和方法

❖ 攀岩运动的练习基本原则

攀岩运动的练习基本原则是依据攀岩运动练习活动的客观规律而确定的组织练习所必须遵循的基本准则，是攀岩练习活动客观规律的反映，对攀岩运动练习实践具有普遍的指导意义。

指导攀岩运动的练习基本原则包括安全性原则、有效性原则、区别对待原则、系统练习原则、适宜负荷原则和适时恢复原则。

❖ 攀岩运动体能训练的原则

1．自觉积极性原则

人的自觉积极性是完成各项任务的基础和保证。攀岩身体素质训练中，同样需要发挥人的自觉积极性，只有调动起练习者的积极性，才能达到训练目的。因此，自觉积极性原则对明确训练目的、端正训练的态度以及自学苦练有着重要作用。

2．从实际出发原则

根据队员的实际情况，合理地选择训练方法和制定学习目标，在原有身体素质的基础上，利用合理有效的练习手段和运动量安排，进行专项身体素质训练。每个人的身体素质和技术特点不同，需要加强的体能项目也不一样；针对的目标不一样，安排的内容也肯定有所区别。所以在进行攀岩专项身体素质训练前，一定要从实际情况出发，并制订切实合理的训练计划，然后再进行训练。

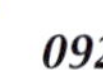

3．全面发展原则

攀岩运动需要综合全面的专项身体素质，在进行攀岩专项身体素质训练时，要从全面发展的原则出发，从不同的素质内容、训练方法和手段着手，使身体的各个部位、器官和系统的机能，以及身体和各种素质得到全面的发展。由于人体是在大脑统一指挥下的有机整体，身体各部位、各系统的机能和各种素质之间都有密切的联系，而且相互制约。因此，如果训练安排得当，协调得好，训练中人体各部分就能够相互促进，共同提高，使身体素质得到平衡发展，促进攀岩技术水平的提高。训练中还要注意优势素质和薄弱素质的协调发展，有的人有天生的优势素质，也有相对薄弱的素质，训练时要从全面的原则出发，多进行薄弱素质的训练，达到全面协调发展的目的。

4. 合理安排运动负荷原则

训练中运动负荷的合理与否直接影响着身体的适应能力。运动负荷过大，会给人体造成过大的生理负担，甚至会使人难以承受而出现伤害事故；运动负荷过小，又达不到训练要求，收不到预期的效果。合理安排运动负荷，就是在进行专项身体素质训练时，根据自己或队员的身体素质基础，结合训练的任务和目的以及攀岩运动的项目特点，合理安排运动负荷，使训练负荷既能被身体适应，又能有效刺激人的机体，达到提高专项素质的目的。此外，还要根据训练的水平、阶段、任务安排好训练和休息，以便更好地发展专项身体素质。

5. 具体问题具体对待原则

专项身体素质训练要求具有实效，而实效的获得是通过具体的训练完成的。因此针对训练中的具体问题，要用具体的方法去解决。对提高不同专项身体素质的要求是不同的，不能用简单的方式去单一要求，而要具体问题具体分析。素质训练要有针对性，要根据实际情况来选择练习方法，而且不同时期也要有不同的重点，避免千篇一律。

6. 技术训练和身体训练相结合的原则

身体训练是为了提高攀岩的技术水平，因此在训练时一定要将技术训练穿插在身体训练当中，在内容的安排上必须从技术的实际需要出发，不仅要与技术动作表现的形式结合，还应从运动学、力学、生理学等几方面考虑。这样才可使攀岩专项技术得到巩固与提高，也才更有利于身体训练的效果通过专项技术转化到运动水平的提高上。

❖ 攀岩运动的练习方法

攀岩运动的练习方法是指在攀岩练习活动中提高攀岩水平的途径和办法。攀岩运动的练习方法在指导员的“训”和练习者的“练”

的过程中应用，是指导员和练习者在双边活动中共同完成练习任务的方法。

选择攀岩运动的练习方法主要考虑练习动作及组合方式、运动负荷及其变化方式、过程安排及其变化方式、信息媒体及其传递方式、外部条件及其变化方式等因素。

1. 攀岩运动的练习方法的基本分类

（1）依据发展能力的目的分为体能练习方法（包括力量素质练习方法、速度练习方法和耐力练习方法）、技能练习方法和战术能力练习方法。

（2）依据练习内容的组合特点分为分解练习法、完整练习方法、变换练习法和循环练习法等。

（3）依据练习负荷与间歇的关系分为持续练习法、重复练习法和间歇练习法。

（4）依据练习负荷时氧代谢的特点分为无氧练习法、有氧练习法和无氧 / 有氧混合练习法等。

（5）依据练习时不同的外部条件分为语言练习法、示范练习法、助力练习法和加难练习法。

2. 攀岩运动的练习方法的基本结构

攀岩运动的练习方法的基本结构可以从身体练习的动力特征、动作构成和动作过程三个层面予以解析。

（1）动力特征：包括力的支点、力的大小和力的方向三种要素。

（2）动作构成：包括动作的姿势、轨迹、时间、速度、速率、力量及节奏七种要素。

（3）动作过程：包括动作开始、动作进行和动作结束三个阶段。

攀岩练习者的身体评估

在练习者开始运动之前，应首先了解练习者的身体情况，调查与评估练习者健康状况，测试与评估其身体素质以及攀岩基础素质。这样才能为练习者制订个性化的、科学的练习计划。

❖ 健康状况的调查与评估

攀岩指导员可以通过以下四方面的调查，评估练习者的健康状况。

1. 是否存在被确诊的疾病，如心脏病、癫痫。

2. 是否存在某些疾病发生的潜在危险因素，如恐高症。

3. 是否存在某些疾病症状。

4. 是否存在有损健康的生活方式或行为习惯。

通过健康状况调查与评估获取有价值的信息，不仅可以帮助练习者了解目前自身的身体状况，而且是攀岩指导员制订攀岩运动练习计划的基本依据。

健康状况问卷是要求练习者在参与攀岩运动前填写的有关身体健康情况的问卷。健康状况问卷的第一部分是练习者的个人资料和联系信息。攀岩指导员应该掌握这些信息，以备需要时联系练习者的医生或家人。第二部分包括练习者的个人病史，这些信息能够有效帮助攀岩指导员确定练习者参加运动的潜在危险，以及练习前练习者是否需要进行医学检查，同时还有助于攀岩指导员制订攀岩练习计划以及确定对练习者补充相关知识。第三部分是了解练习者的生活方式，攀岩指导员可以帮助练习者改善生活方式，建立更加健康的生活方式。

❖ 身体素质的测试与评估

身体健康水平测试，可以帮助攀岩指导员了解不同练习者的身体素质及特殊的运动需求，是制订攀岩运动练习计划的主要依据。同时，身体素质测试还可以反映练习者练习的进度与效果，并以此激励练习者。

身体素质测试项目种类繁多，有些适合成年人，有些适合儿童。攀岩指导员应用的身体素质测试与评估项目包括姿态评估、心肺耐力测试、肌肉力量和耐力测试、柔韧性测试、身体成分测试。

1. 姿态评估

人体姿态是保持身体的方式，是指全身各肌肉和关节在任何一种动作上的结构性联系，反映了身体各部分组织结构的力学关系，是评价生长发育水平的一项重要内容。

人体姿态可分为静态姿态和动态姿态。静态姿态是指身体各部

分在某一位置时的排列；动态姿态是指身体各部分在运动时的排列。最佳姿态是指身体各部分之间保持平衡协调的状态。合适的姿态能保证人体处于合适的伸缩状态，并发挥最高效能。

人体姿态评估首先要以快速而有效的方法进行简单的姿态观察，观察攀岩者在自然状态下的姿势，首先观察直立姿态。直立姿态的评估以身体重心（假想的一条垂直地面的直线，可称为中轴线）为参照物。理想的直立姿态是身体各个部分所承受的压力能够平衡地、均匀地分布在这条直线上，这时身体各部分所承受的压力降到最低。相反，不正确的姿态是某部分偏离正常位置，并影响到其他部分的位置变化，从而使身体中的某些部分不断承受额外的压力，最终导致这些部分出现伤痛。

通过观察站姿的侧面和背面，找出头部、颈椎、肩部、肩胛骨、腰椎、骨盆、踝关节的位置和结构关系。

2. 心肺耐力测试

心肺耐力的测试项目包括安静心率测量、3 分钟台阶测试、1 英里步行测试、12 分钟耐力跑测试。

（1）安静心率测量

测试器材：秒表或钟表。

测试方法：用食指和中指指腹轻轻按压桡动脉或颈动脉。感觉到搏动后即可测量 1 分钟脉搏。测量安静心率应在早晨醒来后立即测量为宜。

评价：正常的安静心率为 60 ～ 100 次 / 分钟，经常进行系统锻炼的人，安静心率会有所下降。

（2）3 分钟台阶测试

测试目的：通过测试运动后心率恢复情况，评价心肺功能。

测试器材：30.48 厘米高的踏板、节拍器、秒表或钟表。

测试方法：预设节拍器为 96 次 / 分钟，按“上、上、下、下”节奏运动 3 分钟，即每分钟做 24 次“上、上、下、下”。

评价：运动后 5 秒内立即测量 1 分钟脉搏，记下心率，并与评价标准表格对照，评价功能水平。运动后心率越低，心肺功能越好。

（3）1 英里步行测试

测试目的：测量心肺耐力。

测试器材：秒表和计算器。已测量好为 1.6 千米（1 英里 =1.6 千米）的不受干扰的平坦路段。

测试方法：指导练习者快走 1 英里，通过终点后，记录完成时间，然后尽快测量其运动后心率（取 15 秒脉搏跳动次数乘以 4），并做好记录。

评价：参考对照评价标准表，进行评价。通过此测试可以算出最大摄氧量，最大摄氧量值越高，表示心肺耐力越好。

最大摄氧量 =132.853–（0.0769× 体重）–（0.3877× 年龄）+（6.3150× 性别）–（3.2649× 时间）–（0.1565× 心率）

（其中，体重单位为磅；年龄单位为年；性别赋值为女性 =0，男性 =1；时间单位为分钟（取小数点后两位）；心率单位为次 / 分钟。）

（4）12 分钟耐力跑测试

测试目的：测量心肺耐力。

测试器材：秒表和距离标志物（标杆筒）。测试场地为标准 400 米田径场，分成 8 等份，每段距离 50 米。

测试方法：测试练习者在 12 分钟内能跑的最长距离。以米为单位记录练习者所跑完的距离。

评价：12 分钟内跑的距离越长，心肺耐力越好。

3. 肌肉力量和耐力测试

肌肉力量和耐力测试项目包括引体向上测试、握力测试和仰卧起坐测试。

（1）引体向上测试

测试目的：测量上肢肌肉的力量和耐力。

测试器材：单杠、木凳。

测试方法：指导练习者垂悬挂于单杠上，双手分开与肩同宽，上臂保持伸直，头部、背部和臀部保持一条直线。男性双脚离地，女性双脚放于离单杠高 1 米的木凳（木凳放于单杠前 1 米处）上。

双臂用力使身体垂直向上运动，练习者的下颌超过手握单杠为一次引体向上。双臂发力上升过程中，身体不可摆动。

评价：记录完成次数，与评价标准对照。完成引体向上次数越多，表示上肢肌肉力量和耐力越好。

（2）仰卧起坐测试

测试目的：测量腹部肌肉的力量和耐力。

测试器材：垫子、秒表。

测试方法：练习者仰卧在垫子上，两腿屈膝 90°，双手交叉放于头后面。然后，身体抬起，但臀部不能离地，脚也不能抬起或移动，直到额头碰膝，双手碰触两腿外侧，视为完成一次仰卧起坐。测试1分钟完成仰卧起坐的次数。

评价：记录完成次数，与评价标准对照。1分钟完成次数越多，说明腹肌的力量和耐力越强。

（3）握力测试

测试目的：主要是用来测量前臂肌肉力量。

测试器材：握力计。

测试方法：调节握力计至适宜的握距。身体直立，手臂下垂持握力计，指针向外，用尽全力紧握手柄。左右手各做三次，每次之间可休息30秒，取最佳成绩记录。

评价：对照评价标准，测试结果数值越高，表示前臂肌肉力量越强。一般也用来表示上肢肌肉力量的强弱。

4．柔韧性测试

柔韧性测试项目常用的是坐位体前屈测试。

测试器材：坐位体前屈测试仪，垫子。

测试方法：首先让练习者做热身运动和适度的伸展运动，以免受伤。指导练习者赤足坐在垫子上，面对箱子，脚后跟顶在箱子的边缘，双脚与肩同宽，膝关节伸直，双手重叠，放于箱子上面，身体前屈，手指慢慢向前移动。保持直膝，将箱子移至最远的位置，保持 1 秒，便完成。重复做 3 次，取最好成绩。

评价：将箱子 26 厘米处设定为 0 点。将读数与评价标准对照，读数越高，表示其腰背及大腿后群肌肉的柔韧性越好。

5．身体成分测试

身体成分测试采用的是皮褶测量法。

测试器材：皮褶厚度计，软尺和钢笔。

测试方法：测量位置为身体右侧。男性选取胸部、腹部和大腿正中，女性选取肱三头肌、腰部和大腿正中。

左手拇指、食指和中指捏起练习者皮褶测量位置下方 1 厘米处的皮褶（确定没有捏起肌肉），然后，右手持皮褶计量器，卡钳的卡口连线与皮褶走向垂直，测量皮褶捏捉点下方 1 厘米处的皮褶厚度。在测试过程中，皮褶厚度计分刻度盘与钳口压力应经常校正。

每个位置重复测量两次，若两次读数差距不超过 2 厘米，取其平均值作为该位置的正确读数，若多于 2 厘米，需重新测量。

评价：三个位置的皮褶厚度测定后，取其总和，对照评价标准，对应性别、年龄可得出体脂百分比，评价身体成分。

❖ 攀岩基础素质评估

1. 简单路线（5.6 级难度）横向移动

测试目的：测量攀岩者在岩壁上的手脚攀爬的综合能力。

测试器材：秒表，5 米（长）×2 米（高）的攀岩墙。

测试方法：指导攀岩者从攀岩墙的一边起步，双脚离开地面，抓住攀岩墙上的支点横向移动，移动到尽头后返回到起始位置，记录所用时间。攀岩者离开地面后开始记录时间，整个测试过程攀岩者不能触碰地面以及岩壁上禁止使用的部位，否则记为测试失败。

评价：记录攀岩者的移动距离和所用时间，横向移动距离越长，所用时间越短，手脚攀爬的综合能力越强。

2. 简单路线（5.6 级难度）垂直向上移动

测试目的：测量攀岩者在高空岩壁上的手脚攀爬的综合能力。

测试器材：秒表，2 米（长）×10 米（高）的攀岩墙。

测试方法：攀岩者从攀岩墙起步的位置起步，双脚离开地面，抓住攀岩墙上的支点向上移动，直到脱落或者到达岩壁顶端，记录所用时间。攀岩者离开地面后开始记录时间，整个测试过程攀岩者不能触碰地面以及岩壁上禁止使用的部位，否则记为测试失败。

评价：记录攀岩者的攀登高度和所用时间。攀登高度越高，所用时间越短，手脚攀爬的综合能力和高空适应力越强。

攀岩运动的练习计划

❖ 攀岩运动的练习计划的概念

经常参与攀岩运动，可以增强体质，预防疾病，增进健康。但是，同一种运动负荷，对专业攀岩运动员、一般攀岩练习者的机体产生的反应差异性很大。即使同一个体，在不同时期、不同的机能状态下对同一运动负荷的反应和产生的效果也不一样。因此，每个人应有适合其机能的练习计划。如何科学地指导攀岩者参与攀岩运动，提高攀岩者的技能水平，增进健康，是攀岩指导员应该掌握的重要内容。

攀岩运动的练习计划是以增强体质、促进身心健康和提高攀爬能力为目的，针对个人状况而制订的一种科学的、定量化的周期性练习方案。根据攀岩者的健康状况、身体素质及运动目的而确定练习频率、练习强度、练习时间及练习类型，使攀岩者有计划地参与练习。

❖ 制订攀岩运动计划的基本要素

运动计划的基本要素包括练习目的、练习频率、练习强度、练习时间、练习类型、注意事项等。其中练习频率、练习强度、练习时间、练习类型被称为运动计划的四要素。

1. 练习目的

根据个人情况确定练习目的。练习目的有主观和客观双重性。主观性表现为练习意向、愿望和兴趣，是以情绪为核心的主观意愿需要。而客观性则是身体客观状况产生的需求，把练习作为满足身体健康需要的一种手段。

2. 练习频率

练习频率通常指每周练习的次数。练习效果是每一次练习对人体产生的良性作用，是一个量变到质变的过程。所以，要经常参加锻炼，或根据不同的练习目的实施一定周期的练习计划。在制订练习处方中，练习频率的作用是非常重要的。如果进行完一次练习，机体的良性作用完全消退后再进行第二次练习，则前一次的练习效果不能被蓄积。如果进行完一次练习，机体的良性作用还未出现（也就是前一次练习产生的疲劳尚未消除）就开始第二次练习，则会造成疲劳蓄积。以上两种练习间隔形式都不能取得满意的效果，后一种练习形式如果长期持续下去还会造成机体过度疲劳。要根据练习目的和个人的身体情况的不同而设定合理的练习频率。

3. 练习强度

练习强度是指身体练习对人体生理刺激的强度，是构成运动量的因素之一，常用生理指标表示其量值。练习强度也是练习计划四要素中最重要的要素，是练习计划定量化和科学性的核心问题。练习强度是否恰当，关系到练习的效果及练习者的安全。

4. 练习时间

练习时间指每次练习持续的时间，是组成运动量的重要因素。练习时间依练习强度而变化。练习强度确定后，持续该强度的练习时间就成为影响练习效果的重要因素。练习时间过短，对机体不能产生作用，达不到应有的效果。练习时间过长，又可能超过机体的负担能力，造成疲劳，损害身体。因此，应根据练习目的及练习强度设定能产生最佳效果的练习时间。

5. 练习类型

练习类型即练习的种类，是确定练习计划性质的重要因素。根据练习目的来选择适当的练习类型。为了达到全面锻炼身体的效果，攀岩练习计划应包括耐力素质练习、力量素质练习和柔韧素质练习三种练习类型。为了提高心肺耐力，应以耐力素质练习为主；为了增强肌肉力量和耐力，应以力量素质练习为主；为了改善柔韧性，应以伸展性练习为主。

❖ 制订攀岩运动练习计划的程序和原则

1. 制订攀岩运动练习计划的程序

制订练习计划时，应遵循一定的程序。首先要对练习者进行身体健康状况调查与评估，以及进行身体素质测试与评估，这样为科学地制订练习计划提供必需的资料和信息。然后再制订练习计划，并在实施过程中定期进行反馈与调整。

2. 制订攀岩运动练习计划的原则

（1）安全性原则

攀岩运动项目特有的安全规定保护下按照练习计划进行练习，保证整个过程安全。

（2）有效性原则

练习计划的制订和实施应使练习者的健康状况有所改善，并且提高练习者的身体素质。

（3）区别对待原则

根据每一个练习者的具体情况制订符合个人身体客观条件及要求的练习计划。

（4）系统练习原则

练习计划应遵循身心全面发展的原则。在练习计划的制订和实施中，应注意维持生理和心理的平衡，以达到“全面发展身心健康”的目的。

❖ 攀岩运动练习计划的实施

在练习计划的实施过程中，应注意每一次练习课的安排和负荷量的监控。

1. 一次练习课的安排

在练习计划的实施过程中，每一次练习课都应包括三个部分，即准备活动部分、主体部分和整理活动部分。

（1）准备活动部分

在进行课的主体内容前要做准备活动，这可以使身体从安静状态逐渐进入工作（运动）状态，逐渐适应运动强度较大的练习部分的内容，避免心血管系统、呼吸系统等内脏器官系统因突然承受较大运动负荷而发生意外，避免肌肉、韧带、关节等组织受到损伤。

准备活动部分常采用运动强度小的耐力素质练习和伸展性练习，如慢跑、步行、热身操和简单攀岩线路攀爬。准备活动部分的时间一般为 5 ～ 10 分钟。

（2）主体部分

本部分是练习计划的主要内容，是达到练习目的的主要途径。

通过实施练习计划中的练习项目，身体在相对较高机能状态下持续进行练习的过程，从而锻炼机体适应能力，提高身体素质。这个部分可以安排力量素质练习、耐力素质练习、柔韧素质练习和灵敏素质练习。在实际练习过程中，也可以先安排速度素质练习，再进行耐力练习；或先进行专项攀岩练习，再进行基础攀岩素质练习。

（3）整理活动部分

一次练习课的主体部分结束后，应进行整理活动。通过整理活动，人体由激烈的运动状态逐渐恢复到相对安静状态。进行整理活动，促进肌肉放松，逐渐缓解心血管系统和呼吸系统紧张的机能活动，减轻机体疲劳程度，促进体力恢复，避免出现因突然停止运动而引起的心血管系统、呼吸系统、植物性神经系统的不良反应，如头晕、恶心、重力性休克。

整理活动的内容和准备活动的内容相似，练习应较缓和，尽量使肌肉放松。最后还可以进行静态的柔韧素质练习，既可以改善柔韧性，又有利于消除疲劳。整理活动的时间一般应在 5 分钟以上。

2. 运动负荷量的监控

在练习计划的实施过程中，应注意对练习者运动负荷量的监控。根据练习者在运动过程中和运动后的反应情况，调节运动负荷量，既要保证有效性，又要保证安全性，运动负荷量的监测一般使用心率监测、主观疲劳感觉、自我感觉与基础指标检测三种方法。

（1）心率监测：通常监测练习停止 1 分钟后的即刻心率。一般监测运动停止即刻的 10 秒脉搏跳动次数，将其乘以 6 得到的近似值作为运动后的心率。

（2）主观疲劳感觉：主观疲劳感觉判定法是一种已被广泛运用的简易而有效的评价运动负荷量的方法。主观疲劳感觉判定法是介于心理和生理之间的一种指标。可以说主观疲劳感觉判定法的表现形式是心理的，但反映的却是生理机能的变化。

（3）自我感觉与基础指标检测：自我观察，感觉每次运动后疲劳的消除情况，包括睡眠质量、次日晨起疲劳感、体力、运动兴趣和欲望等。运动后次日在基础状态下测定基础心率。心率每分钟波动不超过 3 ～ 4 次；呼吸频率每分钟变化范围不超过 2 ～ 3 次；血压变化范围在 10 毫米汞柱上下；体重减少在 1 千克以内。如果数日内心率、血压明显地持续上升，或肺活量、体重等明显地持续下降，则说明运动负荷量偏大，有疲劳积累的征兆，应及时降低运动负荷。

攀岩运动的练习内容及训练方法

攀岩运动的练习内容包括身体形态、力量素质、柔韧素质、耐力素质、协调能力和平衡能力等。在攀岩运动的练习过程中，综合、全面地练习各种素质，才能使身体协调发展，提高攀岩运动的能力。

❖ 身体形态

1. 身体形态的练习原则

（1）超负荷原则

身体形态练习必须达到一定的刺激强度和持续时间，才能收到良好的效果。因此超负荷原则是身体形态练习的基本原则。身体形态练习的负荷要超出平时所适应的负荷，从而使身体形态获得改善。

（2）特殊性原则

特殊性原则也适用于身体形态练习。身体形态具有遗传的特殊性，因此，要改善身体形态就要练习与其相关的肌肉和骨骼。

另外，每个部位肌肉的功能具有特殊性，因此，其练习方法也具有特殊性。

（3）渐进性原则

改善身体形态要逐步增加负荷，使练习计划安全而有效。如果突然给予肌肉过大的负荷，就容易受伤。所以，应循序渐进，使机体逐渐适应负荷。

2. 身体形态练习计划的制订依据与内容

（1）身体形态练习计划的制订依据

身高高、手臂长、体重轻等是进行攀岩运动有利的身体条件。所以，在练习过程中可以多安排身体形态练习，这对提高攀岩运动能力具有重要意义。制订改善身体形态练习计划主要依据身体形态测试的评估结果。攀岩者以保持和提高身体形态为目的，进行全身各部位的身体形态练习。根据每个人的身体形态安排适合个人的身体形态练习内容。

（2）身体形态练习计划的内容

身体形态练习计划的内容包括运动形式和运动负荷。根据练习目的合理选择练习形式。对于普通攀岩者来说，可以采用静态悬垂、负重悬垂、瑜伽、形体操等形式。身体形态练习的运动负荷包括强度、持续时间、组数、间隔时间和练习频率五个方面。

强度：应逐渐加大动作幅度或逐渐加大负重，让练习者感到目标肌肉受到牵拉或略感不适。若没有牵拉的感觉，则达不到练习效果，但也不能使负荷强度大到引起疼痛。

持续时间：在进行静力练习初期，练习部位出现牵拉感觉时，停留 1 分钟，以后逐渐延长持续时间，几周后可以增加到每次停留时间为 2 ～ 3 分钟，一般不超过 4 分钟。

组数：每项练习重复 4 ～ 6 组。根据练习者的感觉，逐渐增大牵拉的程度，增加练习组数。

间隔时间：稍微放松，待牵拉感觉缓解后，再开始下一次练习。

练习频率：身体形态练习最好每天锻炼 1 次，如果时间不允许，至少两天锻炼 1 次。否则不易收到效果或保持锻炼效果。

❖ 力量素质

1．力量素质的练习原则

要达到参与攀岩运动的目的，必须科学、合理地安排运动强度和运动量。因此，在进行力量素质练习时必须遵循以下基本原则。

（1）超负荷原则

超负荷原则是进行力量素质练习的基本原则，运动负荷的要求要超出平时所适应的负荷，这样的练习才会有效果。这种练习可以提高肌肉力量和肌肉耐力，相应地改善肌肉系统功能。在力量素质练习中通过增加重复次数、减少每组之间的休息时间、增加重量、增加练习组数、增加练习频率等方法增加负荷。

（2）特殊性原则

不同的练习内容，产生不同的效果，练习者期望获得什么样的运动效果，就应进行相应的练习内容。因此，练习计划要有针对性。例如，要增加背阔肌和肱二头肌的力量，就要选择引体向上，而不是双臂屈伸。高强度的力量素质练习可增强肌肉的力量和增加肌肉的体积。如果要获得最大的肌力就必须对抗最大的阻力，要采取低阻力、多次数的力量素质练习才能明显提高肌肉的耐力，但肌肉的力量和体积却不会有多大改变。

（3）渐进性原则

练习计划和实践中要逐步增加运动量，保证练习安全而有效。在力量素质练习中，如果突然给予机体过大的负荷刺激，就容易造成伤害。所以，应采取循序渐进的方法增加强度、次数和组数。机体逐渐适应增加的负荷，肌肉力量、肌肉耐力也随之增加。

2. 力量素质练习计划的制订依据与内容

（1）力量素质练习计划的制订依据

选择正确的锻炼手段，确定适当的运动负荷，是制订力量素质练习运动计划的关键。为了制订出个性化的力量素质练习运动计划，必须以练习者健康状况的调查评估和身体素质的测试评估信息为依据，还要了解练习者的练习力量素质的经验以及力量素质水平。确定练习者的练习经验与水平的简单方法是询问其参加练习的持续时间。参加力量练习少于一年的属于初学，持续练习两至三年的属于中级水平，持续练习超过四年的属于高级水平。

制订力量素质练习计划的具体内容之前，要明确练习者的锻炼目的。首先，要明确练习者需要增强哪方面的能力，这样才能找出需要重点增强锻炼的肌群，然后明确需要发展的是肌肉力量，还是肌肉耐力，还是其他力量素质。

（2）力量素质练习计划的内容

力量素质练习计划的内容较为复杂，主要包括练习频率、练习时间、练习内容的选择、动作顺序、练习强度和重复次数、练习组数、组间休息、练习方法等。

①练习频率：练习频率受练习者的力量素质的练习水平以及时间安排等因素的影响。攀岩指导员主要以练习者的力量素质练习水平来确定其运动频率。练习水平低的练习者需要较多的休息时间，这就降低了练习频率。相反，练习水平较高的练习者需要的休息时间较少，所以，每周可以安排多次练习。但是，如果练习者还安排其他运动，而且运动量很高，这种情况下就应该减少力量素质练习的频率。

为了使练习者获得充分的休息，应该在相同肌群的练习中间至少安排一天休息，还可以根据练习者的练习水平做出更详细的指导。

一般来说，初级水平练习者的练习频率通常是每周两次或三次，中级水平练习者的练习频率通常是每周三次或四次，高水平练习者的练习频率通常是每周四次或五次。

初级水平练习者每周的练习次数应平均分配，可安排周一、周四练习或周一、周三和周五练习。

中、高级水平练习者可以接受每周 3 次以上的练习频率，但不能每天都练习同项目内容。这时就需要攀岩指导员为其制订分化练习计划。例如，每周练四天，周一和周四练习攀登专项力量素质，周二和周五练习上肢肌肉。

②练习时间：一般来说，运动时间也取决于练习者的练习水平，一次力量素质练习的时间一般不超过 60 分钟。

③练习内容的选择：练习内容的选择主要取决于练习者的个人情况。所选择的练习内容应满足练习者的特殊需要，不安排不适当的运动。一般选择练习内容应考虑以下因素：

对于没有力量素质练习经验的练习者应先安排双手引体练习；

根据练习者的身体状况和需要为其选择基本练习、辅助练习、结构性练习和功能性练习；

攀岩指导员应该遵循特殊性原则，选择练习内容。为了练习某些特定的技术动作，应选择可以提高巩固这些技术动作的练习内容；

对于身体结构存在某些问题或某些关节、肌肉的力量或柔韧较弱的练习者，应慎重选择练习项目。例如，肩关节柔韧性非常弱的练习者，就不应让其进行动作复杂的攀岩线路练习，否则容易造成腰部压力过大而受伤；

考虑练习者的时间问题。这个因素不仅影响练习项目的数量，还影响练习的方式。例如，单臂引体训练就会比法式引体所用的时

间要短；

对力量素质属于初级水平的练习者，每个肌群可选择采用一种练习方法，以基础肌肉锻炼为主；而对力量素质属于中级水平的练习者和高级水平的练习者则每个肌群可选择采用两种或两种以上练习方法，并均衡锻炼肌肉。

攀岩运动的力量练习方法有多角度锁定引体、全程引体、单臂引体、楼梯引体、斜身引体、引体攀爬、负重引体、背人引体。

④练习顺序：练习顺序是指在一次力量素质练习中将练习动作排成一个特定的序列。练习顺序的安排应该使前一次练习引起的疲劳对下一项练习的影响最小。

在力量素质练习中，安排练习顺序的方法有很多，可归纳为以下几个：

一般先进行复杂的攀岩专项练习，然后进行基础力量素质、单关节练习，或先进行大肌肉群的练习，然后进行小肌肉群的练习；

推和拉的动作交替进行，平衡发展；

上肢练习和下肢练习交替进行，均衡发展；

多关节练习、单关节练习与交替推拉练习相结合。通常先进行上肢练习，然后进行下肢练习；

采用攀岩攀登和身体素质相结合的循环练习。

⑤练习强度和重复次数：研究证明，高强度（最大或接近最大用力）和低重复次数的练习可使力量得到有效的增大，而低强度和高重复的练习可使肌肉耐力获得良好发展。在某种程度上可以说肌肉力量和肌肉耐力可以同时得到发展，关键是练习计划要有利于发展专门的神经肌肉类型。以发展肌肉力量为主的力量素质练习应采用 1 ～ 6RM 的强度，以发展肌肉体积为主的力量素质练习应采用 6 ～ 12RM 的强度，以发展肌肉耐力为主应采用大于或等于 12RM 的强度。力量素质属于初级水平的练习者，开始宜采用 12 ～ 15RM 的强度。青少年（在 12 岁之前）进行力量训练会导致肌肉体积增长，体型发生变化，故练习负荷不能太大，一般在 4 ～ 6RM。老年人（50 岁及 50 岁以上）在力量素质练习中可能会发生损伤，一般采用 10 ～ 15RM 的强度。

RM 是“Repetition Maximum”的缩写，译为“最大重复次数”。

RM 不单独使用，前面会接一个数字（用 X 表示），表示能重复练习 X 次的最大重量。同为 8RM，身体情况不同的人承受的绝对负荷值就可能不同。因此，采用 RM 作为负荷指标，就可以使力量素质练习更加适应个性化的需要。

⑥练习组数：练习组数与每次练习课所需要的时间紧密联系。练习组数的安排不像练习次数的安排那样直接受主要力量素质练习目标的影响，但练习组数也与练习目标有关。尽管研究显示，只进行一组练习就能使肌肉增粗，并且能够提高肌肉力量。但是，力量素质属于中级和高级的练习者可能需要靠增加组数来获得进一步提高。力量素质属于初学的练习者一般不能进行多组练习，刚开始练习的几个月可以采用单组练习，随着练习水平的提高，可逐渐增加组数。发展肌肉体积一般以 3 ～ 6 组为宜，发展肌肉耐力一般安排 2 ～ 3 组。需要说明的是以上的练习组数不包括热身时的组数。

⑦组间休息：练习者的力量素质练习目标决定于组间休息时间。进行肌肉爆发力练习的组间休息通常是 30 秒，或者更少。进行肌肉耐力练习，组间休息通常与练习时间等量。进行肌肉力量素质练习，组间休息较长，尤其是进行下肢或全身性练习，长达 2 ～ 5 分钟。

⑧练习方法：为了帮助练习者不断提高肌肉力量，降低过度负荷的危险，减少厌烦感并维持练习强度，在练习计划中应讲究多样化原则。可以通过周期性改变频率、强度、练习量或休息时间，力量素质练习计划更具多样化。下面介绍一些常用的力量素质练习方法。

基本练习法：首先通过测试确定个人最大重量，练习者在这个重量情况下能完成一次练习的重量。练习分为 3 组，每组 1 ～ 2 次，每组练习的重量依据练习者最大重量 ×110% 的重量来确定。

金字塔练习法：先确定个人最大重量，然后，依据这个难度级别的百分比来确定每组练习的强度。随着每组强度逐渐加大，每组的次数逐渐减少。

递减强度练习法：同金字塔练习法相反，随着每组的强度逐渐减小，每组的次数逐渐增加。

强迫次数练习法：练习者在做某一练习，完成一定的高度，已无力继续完成全程线路时，攀岩指导员可帮助、指导练习者继续完成 1 ～ 2 次练习，使肌肉得到最大限度的锻炼。

退让练习法：练习者完成正常练习至疲劳后，攀岩指导员可帮助、指导练习者完成向心收缩动作，然后由练习者完成离心收缩动作，有助于消除疲劳。

调整运动负荷：为了避免练习者适应了某个练习计划或出现过度疲劳，可周期性调整运动负荷。例如，改变练习线路的难度级别。如果练习者每周锻炼 3 天，将这 3 天可以分别安排大负荷、小负荷和中负荷。如果练习者每周锻炼 4 天，可以采用大负荷日与小负荷日交替的方法。

改变练习动作：为了保持练习者对攀岩运动的兴趣，提高锻炼效果，可以在每次练习课上改变练习动作。

❖ 柔韧素质

1. 柔韧素质的练习原则

（1）超负荷原则

柔韧素质练习必须达到一定的运动强度和运动量才能收到良好的效果。因此，超负荷原则也是柔韧素质练习的基本原则，对柔韧素质练习负荷的要求要超出平时所适应的负荷，从而才能改善柔韧性。

（2）特殊性原则

特殊性原则也适用于柔韧素质练习。柔韧性有关节的柔韧性和肌肉的柔韧性，往往两者结合在一起谈。因此，要改善某一关节的柔韧性就要改善其所附的肌肉。另外，每个部位肌肉的功能具有特殊性，因此，其伸展方法也不一样。

（3）渐进性原则

改善柔韧性要逐步增加运动量，从而使练习计划能够安全而有效。在改善柔韧性的练习中，如果突然给予肌肉过大的负荷，就容易造成练习者受伤。所以，应循序渐进使身体逐渐适应变化的负荷。

2. 柔韧素质练习计划的制订依据与内容

（1）柔韧素质练习计划的制订依据

制订柔韧素质练习计划主要依据柔韧素质的测试、评估结果。身体各部位柔韧性基本正常者，练习计划以保持和提高柔韧性为目的，可进行全身各部位的柔韧性练习。如果练习者柔韧性较差，应以改善柔韧性较差的部位作为练习的重点。

（2）柔韧素质练习计划的内容

根据近期练习目的正确地选择运动形式，即手段方法。对于普通攀岩练习者来说，如果关节本身没有活动障碍，影响柔韧性的好差主要在于肌肉的伸展性。攀岩运动柔韧性的练习方法有递进横向攀爬、脚先动横移、举腿触点、钩点起身、斜板仰卧起坐、半悬空俯卧等。练习形式应以静力性动作为主，可让练习者主动完成，也可帮助其完成。如果练习者有特殊需要，也可以进行极限回弹练习。

①静力性柔韧素质练习的内容包括强度、持续时间、练习组数、间隔时间和练习频率五方面。

强度：不论是主动伸展还是被动练习，都应逐渐加大动作幅度或逐渐加大给予的助力，让练习者感到目标肌肉受到牵拉或略感不适，即为适合的负荷强度。如果没有牵拉的感觉，就达不到练习效果，但练习强度也不能大到引起疼痛的程度。

持续时间：练习初期，当练习部位出现牵拉感觉时，保持10～15秒，以后逐渐延长持续时间，几周后可以增加到20～30秒，一般持续时间不超过 60 秒。

练习组数：重复 3 ～ 5 组。根据练习者的感觉逐渐增大牵拉的程度。

间隔时间：稍事放松，待牵拉感觉缓解后，再开始下一次练习。

练习频率：柔韧性练习最好每天锻炼 1 次，如果时间不允许，至少隔 1 天锻炼 1 次。否则，不易收到或保持锻炼效果。

②极限回弹练习的内容同样包括强度、持续时间、练习组数、间隔时间和练习频率五个方面。

强度：每次练习前，先让练习者做静力性的等长收缩对抗，然后按压练习者的目标肌肉，应有牵拉感或略感不适。

持续时间：肌肉静力性收缩持续 6s，放松 6s，肌肉被动伸展保持 15 ～ 30 秒。

练习组数：可重复 3 ～ 5 组。

间隔时间：间隔时间应短暂。

练习频率：每周 3 ～ 4 次，最好达到 7 次。

（3）柔韧素质练习的注意事项

进行柔韧素质练习之前，应先进行热身活动，如慢跑，以提高锻炼效果，并预防受伤；

避免进行冲击性的柔韧素质练习，防止在柔韧素质练习过程中发生运动损伤；

柔韧素质练习应从大关节开始逐渐活动至小关节；

进行被动柔韧素质练习时，攀岩指导员一定要避免用力过大，要及时地与练习者交流，了解练习者的感觉；

可以在准备活动、整理活动中进行柔韧素质练习；

练习者如无特殊的竞技运动需要，避免进行一些竞技运动专项

的柔韧素质练习，以免受伤；

进行静力性柔韧素质练习时，呼吸应保持顺畅；

进行极限回弹练习时，应注意关节角度的极限，在静力性等长收缩阶段，要保持呼吸，并注意原动肌和对抗肌的配合。

❖ 耐力素质

1．耐力素质的练习原则

（1）超负荷原则

要达到练习效果，练习者所做的练习要达到某个基本阈值，即练习的最低负荷要超出平常所适应的负荷。而降低负荷或中断练习后，练习效果又会下降。

练习负荷的改变包括练习强度、持续时间或练习频率的改变。

（2）特殊性原则

练习效果与参与练习的组织器官形态机能的变化一一对应。以耐力素质练习（如慢跑）作为主要运动方式的人，其肌肉力量不会有多大变化。同样，只进行力量素质练习的人，其心肺耐力水平也不会有较大的提高。另外，一种耐力素质练习方式与另一种耐力素质练习方式不一定能取得相同的锻炼效果。经常进行长跑锻炼的人，不一定适应攀岩运动。

（3）渐进性原则

人体内脏器官系统的功能活动有一定的惰性，因此，在制订耐力素质练习计划时，一定要遵循渐进性原则。针对锻炼者的身体情况和锻炼目标，运动量要由小到大，负荷应逐渐地提高。如果突然加大练习强度、加长练习时间，则可能导致身体机能失调，机体受到损伤。

2. 耐力素质练习计划的制订依据与内容

（1）耐力素质练习计划的制订依据

耐力素质练习计划制订的依据同样来自健康状况调查与评估和身体素质测试与评估中有关练习者健康状况（特别是心血管系统）的信息及心肺耐力的测试结果。耐力素质练习计划中各个要素的确定要适合练习者目前的身体健康状况和心肺耐力水平。

制订耐力素质练习计划前，还应明确练习者的练习目的。一般来说，练习者进行耐力素质练习的目的主要有以下两个方面：

①提高或保持心肺耐力水平。

②消耗多余的脂肪，维持合理体重。

（2）耐力素质练习计划的内容

①练习频率：对于身体情况水平较低的初级练习者来说，开始练习时候，每周练习的次数应少一些，平均分配练习时间，可每隔 1 天练习 1 次，每周 3 次。当水平提高时，可增加练习频率，一般每周 3 ～ 5 次。

②练习强度：练习强度是设计练习计划中最重要，也是最困难的部分，需要适当的监测以确定练习强度是否适当。理论上，每个人在开始攀岩前都应该进行一次全面的运动试验，但这并不现实。另外，从安全角度考虑，多数人也并不适合一开始参与运动就做运动试验。

主观疲劳感觉量表：主观疲劳感觉量表是以自己的感觉来评估练习强度的方法，是冈纳・博格研制出来的。运动中的自觉强度以 6 ～ 20 来代表，12 ～ 14 表示有些吃力，它相当于 60% ～ 80% 最大摄氧量。如果不知道最高心率以及感觉靶心率（在运动中所应达到和保持的心率为靶心率）太高或太低时，就可以使用主观疲劳感觉量表来设定练习强度。此外，人们在运动中习惯了靶心率强度的运动感觉时，就不必再在运动中通过频繁测量心率来确定练习强度了。

小臂肌肉松紧度：在练习过程中测量练习者的小臂松紧程度，小臂肌肉越紧，说明耐力训练强度越大。对于初学攀岩的人，最先感受到刺激的是小臂。因此，可以根据练习者小臂的肌肉松紧度测量练习强度。测量小臂的肌肉松紧度有三项标准：小臂松软，练习强度较小；小臂胀而不硬，练习强度刚好；小臂僵硬无力，则说明练习强度较大。

（3）耐力素质练习的持续时间

耐力素质练习的持续时间取决于练习者的目标、现在的练习水平和运动强度。

耐力素质练习的强度越大，需要的摄氧量就越大，能够维持的时间就越少。低强度活动每次练习必须保持较长的时间（30分钟以上），如果进行高强度练习，也需持续20分钟或更长。由于耐力练习相对较低的强度和持续时间较长,对多数人来说更容易完成。同时，高强度活动存在潜在的危险。所以，不是为了参加竞赛的练习者可采用时间较长、强度中等的练习。

（4）耐力素质的练习形式

耐力素质最好的练习形式就是练习者所喜欢的并能长期有规律坚持的练习形式，有交叉横移攀爬、换手横移攀爬、单手横移攀爬、盲攀、无脚点横移攀爬、指点横移攀爬、手脚同点横移攀爬、线路连续攀爬。

现在大部分俱乐部有多种耐力练习课程，练习者选择喜欢的一项将会有助于完成练习计划。

（5）耐力素质的练习方法

提高心肺耐力的耐力素质练习方法有耐力基本练习、持续练习、间歇练习、交叉练习、循环练习及逐渐力竭练习等。

①耐力基本练习法：首先通过测试确定个人最高攀登能力（完成攀登的最难级别线路），然后完成3组，每组4条线路，每组练习线路的难度根据个人最高攀登能力的百分比来确定。攀岩的难度负荷为可以攀爬这种难度线路的次数，如30%难度负荷是可以连续攀爬这种难度线路7条，80%难度负荷是可以连续攀爬这种难度线路2条。

②持续练习法：持续练习法是指强度较低、持续时间较长且不间歇地进行练习的方法。开始4～6分钟做准备活动，此后至少20分钟以内强度应保持在靶心率之内，最后约5分钟做整理活动，降

低强度，心率逐渐恢复。持续练习法运动强度易控制，适合于所有人群。

③间歇练习法：间歇练习法是大强度和小强度运动的交替。如 3 分钟高强度活动（锻炼时心率可超过靶心率高限的 10%）与 3 分钟小强度活动交替进行。

④交叉练习法：交叉练习法是一种结合几种耐力素质练习形式的练习方法，它有两种方式。

每个练习阶段采用不同的练习形式，在一个周期内循环两种或更多种。

在一次练习中采用几种不同的练习形式。

⑤循环练习法：循环练习法是将力量素质练习和有氧练习相结合的练习方法。将有氧练习放在力量素质练习之间，各练习之间只有短暂休息或无间歇，其目的是将心率增加到靶心率范围之内，以同步提高心肺耐力与肌肉耐力。

⑥递增强度练习法（金字塔练习法）：先确定个人最高攀登能力水平级别，然后依据这个难度级别的百分比来确定以下每组练习的难度负荷。随着每组逐渐加大强度，每组练习次数逐渐减少。

⑦递减强度练习法：同金字塔练习法相反，随着每组逐渐降低强度，每组练习次数逐渐增加。

⑧突破练习法：练习者做某一练习，已完成一定的高度，无力继续完成全程线路时，攀岩指导员可帮助、指导其继续完成 1 ～ 2 次攀登，使肌肉得到最大限度的锻炼。

⑨退让练习法：练习者完成正常练习至疲劳，攀岩指导员可以帮助、指导其完成向下攀登的动作，然后由练习者自己完成与攀爬相反用力的动作。

❖ 协调能力和平衡能力的训练方法与步骤

协调能力是身体各部位在时间和空间上相互配合，合理有效地完成动作的能力。协调能力也是攀岩运动员必备的一项极其重要的素质，它是完成攀登高难度的攀爬技术动作的基础，也是各种身体素质运用于技术动作的保证。

1. 协调性素质训练的方法

协调能力和身体素质发展程度与条件反射建立的数量有关。身体素质越好，在平时练习的动作越多，就越有利于协调能力的提高。协调能力与攀登专项感知对距离、时空、频率、用力的感觉以及平衡能力有密切的关系。因此，提高身体的协调能力的练习应具有非传统性、复杂性和新鲜性的特点。培养协调能力的练习通常应放在训练课主要部分的开始阶段，而对高水平的攀登人员来说，提高协调能力还应放在有疲劳征兆和明显疲劳的情况下进行。协调性素质训练的内容主要有一般身体协调和专项技术能力训练两类，其中一般身体素质协调练习有：

（1）采用一些不习惯的动作姿势练习；

（2）练习一些非对称的动作，要求动作协调进行配合；

（3）跳绳练习，不断地变换一些花样和动作的方式，如节奏和速度的变化。

专项技术协调能力的训练：

（1）要求“有创造性”地做出一些攀爬动作；

（2）在攀爬的过程中，听到信号后，迅速及时地变换动作或方向。

2. 平衡能力的练习

平衡能力训练的基本方法有：通过平衡木、过独木桥、跨跳栏架、跳跃台阶、滑冰、垫上翻、过绳索桥、爬云梯、钻伏虎圈等。

❖ 攀岩专项身体训练

1．指力墙练习

训练目的：手指抓握、钩挂能力、手指动态抓握发力能力。

设施器材：指力墙（倾斜的木板上间隔规律地钉上 1 厘米厚的木条）。

动作过程：悬挂在指力墙上，在指力墙上顺序依次向上移动手，可以双手同时向上移动，也可大幅度跳跃向上移动。

动作变换：可以交叉移动，斜线移动，上下移动，如果强度太大可以脚踩点来做。

注意事项：对手指刺激较强，适合高级别攀岩者，注意练习持续时间不超过 1 小时。

一次训练为 8 ～ 10 组，12 次移动为 1 组，间隔休息 6 分钟。

2. 抓铅球

训练目的：提高手指抓握力和手的灵活性。

设施器材：3 ～ 5 千克（公斤）铅球。

动作过程：双脚微屈，身体往前微倾，手掌向下抓握住铅球，然后松开抓握手使铅球下落，另外一只手由上往下快速抓握住下落的铅球，双手交替往复。

动作变换：单手持续抓握实心球。

注意事项：铅球下落的距离越长速度越快，练习效果越好。注意脚的位置要避开铅球落地位置。

一次训练为 6 组，左右手各抓握 16 次为 1 组，间隔休息 3 分钟。

3. 提捏杠铃片

训练目的：手的捏力。

设施器材：不同重量的杠铃片（不带边楞的）。

动作过程：双脚微屈，身体往前微倾，手掌向下捏住杠铃片，然后松开捏握手使杠铃片下落，另外一只手由上往下快速捏住下落的杠铃片，双手交替往复。

动作变换：左右晃动，隔 1 秒再去抓。

注意事项：杠铃片下落的距离越长速度越快，练习效果越好。注意脚的位置要避开杠铃片落地位置。

一次训练为 6 组，左右手各抓握 16 次为 1 组，间隔休息 3 分钟。

4. 引体抓小点

训练目的：手指触点爆发力。

设施器材：屋檐、斜板。

动作过程：抓握两个平行好抓的手点，脚踩一个两个手点正下方 0.5 米左右的脚点，通过手脚发力，去抓一个接近自身手长的距离

的远侧小点，左右手交替重复。

动作变换：可以踩两个脚点或不踩脚点，根据自己的能力选择岩壁角度、目标点大小和距离。

注意事项：抓到目标点后，身体应该是充分伸直舒展。

一次训练为 8 组，左右手各抓握 4 次为 1 组，间隔休息 2 分钟。

5. 跳抓小点

训练目的：手指最大力。

设施器材：岩壁。

动作过程：站在地面，跳跃起身抓握岩壁上设定的目标点。

动作变换：单手、屋檐、斜板、直壁，往下、往左、往右跳抓。

注意事项：通过高度、起跳位置和目标点的距离来调整难度。

一次训练为 16 组，抓握 2 次为 1 组，间隔休息 1 分钟。

6. 无脚点横移、攀爬

训练目的：上肢综合能力。

设施器材：岩壁。

动作过程：在攀爬过程中只使用上肢发力来移动。

动作变换：可以通过身体能否蹭岩壁来控制训练难度。

注意事项：在斜壁和屋檐训练较好，练习时间越长越好。

一次训练为 12 组，15 个移动为 1 组，间隔休息 3 分钟。

7. 指点横移、攀爬

训练目的：攀爬耐力。

设施器材：岩壁。

动作过程：通过在地面的教练和队员指出相应的可以使用点来攀登。

动作变换：根据一次指点的多少和指出的路线难度来调整训练

效果。

注意事项:注意节奏,一般一次指 4 ～ 5 个点为佳,注意控制难度,总体动作应在 40 个移动动作以上效果较好。

一次训练为 6 组，50 个移动为 1 组，间隔休息 8 分钟。

8．手脚同点横移、攀爬

训练目的：攀爬时身体的伸展和收缩能力。

设施器材：岩壁。

动作过程：在攀爬过程中，每平方米的岩壁只能选择一个手点，而且脚只能通过踩手抓过的岩点的方式进行攀爬。

动作变换：横向和上下移动相结合。

注意事项：岩壁尽量多安装支点，攀爬中手点的选择应考虑到下一步的动作可行性。

一次训练为 6 组，20 个移动为 1 组，间隔休息 6 分钟。

9．路线连续攀爬

训练目的：攀爬耐力。

设施器材：岩壁。

动作过程：准备大于三条以上的路线，一条条轮换连续攀登。

动作变换：路线可设定为多个风格和难度级别。

注意事项：一条路线如果在同一地方脱落两次则换下一条路线开始训练。

一次训练为 6 组，4 条路线为 1 组，组间隔休息 6 分钟。

10．法式引体

训练目的：肩背力量耐力。

设施器材：单杠、指力板。

动作过程：双手与肩同宽，正握单杆做引体向上。先做三个引

体然后上臂 0 度锁定 7 秒（尽可能的高），再做三个引体上臂 90 度锁定 7 秒，最后做三个引体后 160 度锁定 7 秒，共 9 个引体和三个角度锁定为一组。如此重复。

动作变换：可以采用反握或宽握等方法来练习。

注意事项：每个动作间不要有停顿，锁定时间要准确，一般 21 个引体为一组，最后几个引体动作要注意完成的质量。在力竭的情况下可以相互助力。每组完成的数量直接关系到练习效果，所以要保持每组完成规定的数量。

一次训练为 4 ～ 6 组，21 个引体为 1 组，组间隔休息 8 分钟。

11. 全程引体

训练目的：肩部爆发力。

设施器材：单杠。

动作过程：双手与肩同宽正握双杆悬垂，快速发力使身体上升，最终达到双手支撑于单杆之上。

动作变换：如果力量不足，此练习可以分两步完成，第一步引体翻杆，第二步双手撑杆。

注意事项：此练习需要很强的肩背爆发力。练习时尽量使动作一气呵成，中间不要有停顿。在早期力量不足时可以相互助力来完成标准动作。

一次训练为 12 组，6 ～ 8 个引体为 1 组，组间隔休息 3 分钟。

12. 引体攀爬

训练目的：背部力量。

设施器材：斜面岩壁、屋檐。

动作过程：在相应的岩壁造型上采用引体的方式进行攀爬。

动作变换：快速、慢速交替。

注意事项：手抓握的支点大，距离远，训练效果好。

一次训练为 20 组，10 个引体动作为 1 组，组间隔休息 3 分钟。

13．双臂屈伸

训练目的：肩背力量。

设施器材：双杠。

动作过程：双手支撑于杆上，慢慢曲臂使身体向下移动，达到最低点后，肩背发力快速使身体回到起始状态。

动作变换：负重和减负。

注意事项：不要摆动借助惯性来完成训练。

一次训练为 6 组，16 个引体为 1 组，组间隔休息 3 分钟。

14．举腿触点

训练目的：腹肌和下肢控制踩点能力。

设施器材：在单杆或屋檐里的大点上。

动作过程：双手悬挂在单杠上，收腹举腿去踩远端约 2 米的目标点，轻轻触碰目标点后慢速收回，换一只脚再重复做。

动作变换：可以曲臂锁定或横向踩远端点。

注意事项：去踩的动作要慢、要轻，不要借助摆甩的惯性来完成。

一次训练为 8 组，8 个单腿触点为 1 组，组间隔休息 4 分钟。

15. 钩点起身

训练目的：腹肌引身。

设施器材：单杆、屋檐、倾斜岩壁。

动作过程：将点钩在身体正上方的可钩挂位置，慢慢放下身体，直到身体全部放下舒展，然后再收腹将头往上触碰膝关节，缓缓放下为完成一个动作。

动作变换：交替触碰左右膝关节。

注意事项：采用更加稳固的方法固定钩挂脚可以取得更好效果。

一次训练为 6～8 组，12 个起身为 1 组，组间隔休息 4 分钟。

16. 单腿起跳

训练目的：腿部蹬起力量。

设施器材：平地。

动作过程：单腿蹲地，脚发力，依次快速完成起身蹬跳动作。

动作变换：扶墙、负重。

注意事项：最好要有起跳腾空的动作。

一次训练为 6～8 组，6～8 个起身为 1 组，组间隔休息 6 分钟。

17. 双摇跳绳

训练目的：前脚掌和小腿弹跳力。

设施器材：跳绳、攀岩主绳。

动作过程：脚尖着地，往上跳起，脚离开地面的同时手中的跳绳在脚下绕过两次为一个动作，如此往复。

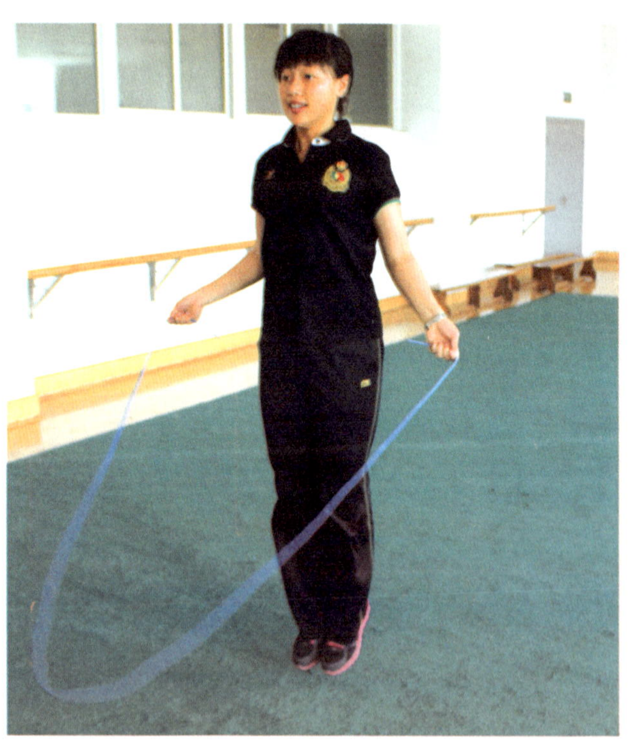

动作变换：每次跳起时跳绳在脚下通过三次（三摇）。

注意事项：每次起跳时，前脚掌要充分发力，跳起后，脚尖指向地面。

18. 平地脚尖走

训练目的：脚尖和脚踝力量。

设施器材：攀岩鞋。

动作过程：竖起脚尖在地面行走，像跳芭蕾舞一样行走。

动作变换：编排动作，动静结合。

注意事项：在塑胶地面和木板地面训练较好。

一次训练为 12 组，30 个移动为 1 组，组间隔休息 4 分钟。

19. 走 75 度坡面

训练目的：脚踝力量。

设施器材：攀岩鞋，75 度坡面。

动作过程：用脚尖着岩面，利用攀岩鞋的摩擦在大倾斜面上走动。

动作变换：可以负重、不用双手等方法增加难度。

注意事项：根据坡面的角度和脚踩处的难易程度来调整训练动作。

一次训练为 6 ～ 8 组，50 个移动为 1 组，组间隔休息 8 分钟。

20. 脚跟回钩力

训练目的：脚跟向心发力或向下发力。

设施器材：翻屋檐造型。

动作过程：在翻屋檐的部位，找到间距 12 米左右的两个点，一个支点手抓，一个支点脚跟钩挂，然后把身体放下到最低位置，然后脚跟用力往下发力，使身体向上移动达到最高点，重复。

动作变换：可以结合攀岩的挂脚顶膝的动作来练习。

注意事项：练习时着重脚部向下发力，发力速度要快。

一次训练为 6 ～ 8 组，12 个起身为 1 组，组间隔休息 8 分钟。

身体训练后的恢复

恢复是攀岩教学训练中不可分割的一部分，运动后的恢复与训练中的负荷有同等重要的作用。没有负荷就没有疲劳，没有疲劳就没有训练，没有恢复也就没有提高。在正常的训练计划实施过程中，疲劳如果未能恢复，就不得不调整训练计划，这是一种不科学的跟着疲劳走的被动训练，无法保证攀岩训练的连续性和能力的提高。因此运用科学的手段进行主动的加速疲劳恢复的措施是很有必要的。

1．肌肉系统的恢复

攀岩训练是局部肌肉群和关节大负荷、高强度的运动项目，因此，训练后对肌肉系统的恢复有着重要的意义。常采用的恢复手段：（1）温水浴。温水刺激，可放松肌肉、安抚神经。温水浴的水温以42℃ ±2℃为最适宜，淋浴时间一般为 10 ～ 15 分钟，最长不超过 20 分钟，每天不要超过两次。（2）推拿按摩是通过身体各种信息反馈，来保持人体内环境的相对稳定，实际上可概括为信息自控与反馈系统。应用反馈控制原理，利用一个系统或一个部位的穴位达到治另一个部位疾病的方法。从整体探索局部信息，从局部治疗达到整体效果。从中医的理论来说，按摩具有调理阴阳、疏通经络、活血化瘀、通利关节等作用。用现代医学来解释，具有调理气血、胃肠功能和增强抗病能力以及促进血液循环的作用。攀岩训练上肢肌肉和关节承受的负荷大，肌肉疲劳出现得早。训练后对上肢肌肉和关节的疲劳恢复更为重要。起初可用揉捏大、小臂肌群和足踩体肌较大的背部与腰部肌肉群，然后再针对上肢的重点穴位、关节进行有目的的按摩、推拿，尤其是对指关节的按摩更应该加强重视。

2．心血管系统的恢复

许多练习者都有在岩壁上心跳加速、呼吸急促的表现，但这并非表示练习者的心肺功能达到极限。而是因为当练习者做困难动作时，腹部肌肉紧绷加上心情紧张屏气后才加速呼吸补充不足的氧气。当练习者腹肌紧绷时，也会升高血压造成较快且弱的心跳。由于攀岩不像一些耐力型运动需要大肌肉群做持续性的动作，因此不至于对心肺造成过度的负荷，有氧训练也无法直接改善攀岩的能力。但是适度的步行、慢跑、游泳、韵律操等有氧运动，特别是在剧烈的攀登或是重量训练之后，能够促进血液循环，加速肌肉中乳酸的移除，缩短训练后的恢复期。有氧运动是指人体在氧气充分供应的情况下进行的体育锻炼。有氧运动也能够有效地燃烧体内多余的脂肪，提高肌力与体重的比例，但通常要持续运动 25 分钟后才开始产生效果。此外，有氧运动也可以减轻精神上与生理上带来的压力。

3．科学膳食

攀岩教练员要给练习者灌输科学膳食的理念，适当合理的饮食有助于训练期间体力或身体热能存量的恢复。体力恢复后才能适应持续激烈的训练，不断的训练才会导致身体对高负荷的适应，身体适应后体能即会突破，因此平时要注意正确的饮食方式。训练时饮食摄取量要考虑身体的需求，特别要考虑足够碳水化合物的补充，以维持肌肉内肝醣的储存。在激烈训练时，如摄取较少的碳水化合物，则会导致低肌肉肝醣含量，肌肉肝醣含量少，要接受规律的训练是很困难的。训练前应吃含有低升醣指数的碳水化合物的食物，如苹果、橘子、优格、牛奶。每日训练后，要尽快补充能源，因为在训练期间要补充能量的时间很有限，且肌肉恢复肝醣能力最强的时间是运动训练后第一个小时（应吃含有高升醣指数的碳水化合物食物，如

运动饮料、蜂蜜、白米、白面包)。安排妥善的进食时间，在训练期间要尽量设法补充食物，不要因不方便而放弃饮食机会。如没吃早餐就去训练，在训练后上午九十点左右要吃含有高碳水化合物的食物(如水果、全麦面包)。如在傍晚训练时，在下午三四点左右要吃一点东西，然后于训练后再吃正餐。在教学期间，一星期至少要有一天休息。留一些时间让练习者在激烈训练后恢复体力或肌肉能源是必要的。休息方式亦可采用训练三天后休息一天，而后再训六天后休息一天的方式循环。吃更多的新鲜蔬菜(特别是根茎与绿叶蔬菜)、水果(特别是酸性水果)与谷类食物(如全麦面包、豆类、糙米等)。强调淀粉性食物(复合性碳水化合物)的摄取，而不是糖类食物(单一性碳水化合物)，不要依赖太多糕饼或甜食来补充碳水化合物(训练结束后第一个小时除外)。不要吃过多的肉类，肉类最好选择较瘦的肉或鸡鸭肉，要减少肉类的摄取而增加复合性碳水化合物的补充。尝试每日吃一餐不含肉的食物，平时餐饮要确定选手已补充足够水分和新鲜的果汁(含高量的维生素和矿物质)，于训练前或中绝不能有脱水现象，平时要养成规律的饮水习惯。减少摄取炸或咸的食物，尝试用蒸煮或炒的方式准备食物，不要加过多盐，以免造成脱水现象。

第六章

攀岩运动心理训练

攀岩运动心理训练基本理论

随着训练科学和训练实践的不断发展，人们对攀岩运动的心理训练的意义认识更加清楚，过去人们习惯地认为训练、比赛主要靠身体素质和技术，只要有良好的身体素质和熟练的技术，在比赛中就能取得理想的成绩。越来越多的实践证明，在训练和比赛中

仅仅依靠身体素质和技术还是不够的，平时没有良好的心理训练，即使得到良好的身体训练和技术训练，在比赛中也很难取得优异的运动成绩。正如美国学者格鲁波指出的："对初、中级运动员来说，80% 是生物力学因素，20% 是心理因素，高级运动员则相反，80% 是心理因素，20% 是生物力学因素。"目前，心理训练应成为攀岩运动员训练过程的一个重要组成部分。

❖ 攀岩运动心理训练释义

攀岩运动心理训练是指在攀岩训练过程中，有目的、有计划地对练习者的心理过程和个性心理特征施加影响，并通过特殊的方法和手段使练习者学会调节和控制自己的心理状态，进而调节和控制自己的攀爬行为的过程。由于攀岩场地的特殊性、岩壁支点的多变性、器材装备的多样性、技术动作的复杂性以及高空动作的危险性和挑战性，使得心理训练在整个攀岩训练体系中处于非常重要的位置。心理训练影响和制约着练习者体能、技能和战术水平的改善及发挥，它可以促进练习者心理过程更加完善，形成与攀岩运动相适应的良好个性心理特征，获得高水平的心理机能储备，使练习者能够适应惊险刺激的攀岩运动，为参加高水平的攀岩比赛奠定良好的心理基础。

攀岩运动的心理机能和技术、战术、身体能力一样，都受后天环境和运动实践的影响，可以通过训练获得和提高。心理调节能力的训练同样遵循一般技能训练的规律，必须长期、系统地进行。攀岩心理训练更注重追求迁移效果，不但要使练习者对某一环境中的某个问题的心理调节能力得到提高，而且要对其他环境中的其他问题的应对能力也得到相应的提高，从而最终使练习者在完成攀岩路线时，能够勇敢、从容、理智、巧妙地克服、战胜困难。

攀岩比赛是在无人指导下、独立作战的情况下进行的。赛前制订的计划在不同的竞赛场地也不是一成不变，而要依据支点、路线、角度、难度及个人的体能情况进行适时的自我调整。此间，良好的稳定情绪是进入最佳心理状态的关键因素。它能使运动员进入沉着、冷静、勇于拼搏的状态，良好的心理状态使运动员对胜利充满信心，精力充沛，斗志旺盛，力量增大，应变能力增强，从而充分发挥现有技术水平，甚至超水平发挥；相反，焦虑情绪则会使运动员产生烦躁、紧张、犹豫不决等不良的心理状态，降低运动能力和比赛成绩。

❖ 攀岩运动心理训练的意义

由于攀岩场地的特殊性和岩壁及岩点造型的千变万化，给攀岩技术提出了更多、更高的要求，所以要最大限度地挖掘运动员的潜能，进行全方位的系统训练。对攀岩运动员进行心理训练，不但有益，而且必要，其训练的意义主要表现在以下几方面：

1. 心理训练有利于形成适应攀岩项目的个性特征，促进攀登技术的掌握

心理因素对于运动技术的形成和发挥有着巨大的影响，良好的个性心理特征是促进攀岩技术掌握的必要前提。当运动员的运动和比赛动机被激发后，运动员就会增加训练、比赛的信心，建立稳定而又灵活的训练思维程序和行为程序，克服攀岩训练过程中因困难而造成的心理障碍，把注意力集中到训练上来，从而促进攀岩技术的掌握。

2. 心理训练能够使运动员形成勇敢、顽强的良好性格

在攀岩训练过程中结合心理训练，时刻对运动员的心理施加影响，能不断培养其勇敢顽强的个性特点。

3. 心理训练能够提高运动员处理危机和应付挑战的心理机能

攀登环境会极大地影响运动员的情绪，因此保持良好的稳定情绪便成为运动员发挥攀岩技术战术和战略水平的关键，并直接影响到攀岩过程和比赛结果。高难度技术的攀岩训练，是进行竞赛心理训练的良好方法，对竞赛心理起着不可替代的作用。

4. 心理训练能够提高运动员对攀岩环境的心理承受能力

攀岩训练具有一定的危险性，类似于一种涉险训练，运动员经常会处于一种危险、紧张的环境中，在这种情况下，有针对性地进行心理训练，就能够使运动员在对待危险、紧张的攀登环境时，处于理智的状态，增强对攀岩环境的心理承受能力。

5. 攀岩心理训练可以激发运动员的潜能，不断挑战自我

在攀岩运动中高度较高的攀爬活动，属于极限运动范畴，既挑战人体的生理极限，同时也挑战人的心理极限。心理承受能力的高低对生理极限的取得与否有着很大关系。在攀岩训练过程中，当心理机能得到最大限度提高时，运动员生理机能也会得到最大程度的发挥，凝聚身体各部分能力，激发机体的潜能，使受训者不断挑战自我，完善自我。

总之，心理训练是攀岩训练的一种十分重要的手段，是提高运动成绩的重要因素，其作用首先不是对身体，而是对神经系统的训练，所以它需要有计划地进行并长期坚持才能取得较大的效果。

❖ 影响攀岩运动的一般心理学因素

攀岩运动是在自然或人工岩壁上依靠自身的力量来完成难易不同路线的攀登，它惊险刺激、扣人心弦，因此攀岩者必须具备良好的心理素质。良好的心理素质主要体现在运动员的个性心理素质和较强的心理认知能力两个方面。

1. 攀岩运动员的气质特点

人的气质主要是由遗传因素决定的，很难被后天环境改变或者改变很小。目前，在心理学角度上可以将人的气质分为胆汁质、多血质、黏液质和抑郁质四种。

胆汁质相当于神经活动强而不均衡型。这种气质的人兴奋性很高，而且脾气暴躁，性情直率，精力旺盛，能以很高的热情埋头干一件事情。在兴奋时，决心克服一切困难；精力耗尽时，情绪又一

落千丈。

多血质相当于神经活动强而均衡的灵活型。这种气质的人热情，适应性强，精神愉快，机智灵活，注意力易转移，情绪易改变，不适合做耐心细致的工作。

黏液质相当于神经活动强而均衡的安静型。这种气质的人平静，善于克制忍让，生活有规律，不为无关事情分心，埋头苦干，有耐力，态度持重，不卑不亢，不爱空谈，严肃认真；但不够灵活，注意力不易转移。

抑郁质相当于神经活动弱型，兴奋和抑郁过程都弱。这种气质的人沉静，易相处，人缘好，办事稳妥可靠，做事坚定，能克服困难；但比较敏感，易受挫折，孤僻，优柔寡断，疲劳不容易恢复，反应缓慢。

攀岩运动由于线路经常变化，运动环境变化也很大，在运动中要求运动员有良好的体能、技术和战术水平外还要具有适合攀岩的气质特点。攀岩运动员的气质类型无论是从提高攀岩运动成绩，还是提高攀岩运动的学习效果而言都有很大影响。一般来说适合攀岩的运动员首推气质是黏液质型气质，其次是抑郁型气质，再次是多血型气质，最后是胆汁质。

2. 动机水平

（1）动机与其功能

攀岩动机是指推动攀爬者进行攀岩运动的心理动因或内部动力。它的基本含义是指能引起并维持攀岩运动，并将该活动导向一定的目标，以满足攀爬者的目标、愿望或者理想等。攀岩动机的功能主要有引起攀岩行为的激发功能、定向功能和强化功能。

（2）成就动机与成就需要

成就动机是指攀爬者对自己认为重要的、有价值的攀登活动乐

意去做，并力求达到成功的一种内驱力，是由成就需要激发的。具有高成就需要的攀爬者对完攀路线的胜任感和成功感有强烈的要求，同样也担心失败；他们热衷于接受挑战，往往为自己树立有一定难度而又不是高不可攀的攀登目标，他们敢于冒风险，又能以现实的态度对待冒险。

（3）动机水平与学习效率

攀岩运动员的动机水平与学习效率和比赛成绩的关系呈“倒U型”，动机过弱不能激起学习和比赛的积极性，动机过强可表现为高度焦虑和紧张，使注意和直觉范围缩小、思维受到一定的抑制，引起学习效率降低和影响比赛中的竞技水平的发挥，并且这种效应还和学习与比赛任务的难度有关。因此，教练员和运动员应根据各种攀岩竞赛的不同情况，设定适当的目标期望，调节动机水平至适当的强度，以争取发挥出最高水平。

（4）动机与目标

有了适度的攀爬动机，还必须基于自身情况确立一个可以预见并可测量的攀登目标，以成功地完成攀爬。只有这样才能在攀爬结束后判断是否实现了目标以及目标的实现程度，并由此使动机不断得到强化。

3. 自信心

（1）自卑与自信

自卑是一种过多地自我否定而产生的自惭形秽的情绪体验，主要表现为对自己攀爬能力、攀登技术等自身因素评价过低。自信就是自己信得过自己，自己看得起自己，相信自己的攀登技术和能力。在攀登过程中，尤其是在通过难点路段时，由于不自信且又害怕失败，而不能大胆地去做动作，结果导致发生坠落。攀岩表现往往与自信心成正比，正面期许与正面的自我评价，并不会让一个初学者变成高手，但却能帮助自己将潜能完全激发。

（2）如何获得自信

获得攀登自信心的主要方法是暗示，即使用含蓄、间接的方法对攀登者的心理和行为产生影响，从而使其按一定的方式去行动或接受一定的意见，使思想、行为与自己的意愿相符合。暗示有他人暗示、自我暗示、行为暗示、环境暗示和语言暗示等。

（3）积极的自我暗示

积极的自我暗示是指通过攀登者自我肯定的方法来提高自己的自信心。攀岩运动员可以用适当的、积极的自我暗示的方法使自己产生自信。从而在比赛或攀登活动中取得意想不到的效果。例如，

在比赛前可以把自己的优势、以前比赛的满意成绩等找出来，反复激励和暗示自己:“我可以！我能行！我真行！”“我精力充沛！”“我攀得很轻松！”“在这种岩壁、路线上，我攀得比其他选手更好！”

（4）他人的期望与暗示

他人的期望与暗示也就是通常所说的罗森塔尔效应，又称皮革马利翁效应，即对一个人传递积极的期望，就会使他进步得更快，发展得更好。反之，向一个人传递消极的期望则会使人自暴自弃，放弃努力。在攀岩训练中，教练员给运动员传达一种积极的期望与暗示，会使运动员感到自己很受重视，很有潜力，运动员会受到鼓舞，自身的潜力就会被激发出来。

4．攀岩心理训练应遵循的原则

（1）心理训练与身体训练和技战术训练同时进行

运动员进行不同内容的训练，会表现出其不同的心理品质和心理特征，这些心理因素直接影响着训练效果，关系到运动员的健康成长。例如，在身体训练中，运动员对训练内容表现出的兴趣、动机和意志力;在技术训练中，运动员对专项技术动作表现出的感知觉、表象、想象、思维、情感和意志等心理能力和过程;在技战术训练中，运动员表现出的战术意识等，都紧密地同训练内容和效果联系在一起，心理素质的提高无疑有助于训练效果和运动水平的提高。

（2）攀岩心理训练要保持长期性和系统性

不同水平的运动员在训练过程中要解决的心理问题不同，所承受心理负荷的强度也不同。因此，在进行心理训练时，应当与其训练水平相适应，要有针对性，解决问题的侧重点不同，对于同一心理特征，要求的训练强度也不同，才能收到训练实效。任何心理调控技能的技术，如焦虑水平的控制能力、注意力的控制能力等必须

经过千百次的系统练习，才能在关键时刻发挥其效力。因此，攀岩心理训练在一开始就要在专业心理工作人员的指导和帮助下进行，制订详细的心理训练计划，并严格实施。

（3）要贯彻个别对待原则

运动员个性心理特征千差万别，尽管他们参加同一项目的训练，处于同一水平,他们在训练和比赛中表现出的心理特征却各异。因此，心理训练必须注意个别差异，区别对待。例如，有的运动员在赛前由于强烈的责任感，会产生对比赛胜负的过度焦虑，有的运动员则不把比赛当回事，对胜负无所谓。对这两种运动员就要用不同的方法去解决，使之以正确的动机，适当的焦虑强度来对待比赛，才能充分发挥运动技术水平。

（4）攀岩心理训练要注意教学双方的积极主动和自觉配合

心理训练效果首先取决于运动员的自觉积极性，如果不相信心理训练的作用，不了解心理训练的原理，对心理训练持有怀疑、观望甚至于否定的态度，即使被动地参加了心理训练，不但不会产生良好的训练效果，甚至还会产生反作用。因为任何心理训练手段的掌握和应用，都不可能脱离人的主观状态而起作用，如果失去了内驱力，产生厌烦和对立的情绪，便失去了心理训练的意义。

（5）攀岩心理训练要注意训练的量化和反馈

心理训练实施的优劣需要信息反馈过程，没有反馈很难顺利地完成心理训练任务。通常要使用一些量化指标对一个阶段的心理训练效果进行评定，这些指标可以是主观体验的、生理的、生化的、行为的。如果在心理训练过程中注重了量化指标的运用，训练就不会仅仅是一个主观的感觉过程，而能使运动员更容易理解心理训练的确切内涵。

❖ 攀岩运动中常见的心理问题

1. 心理疲劳

攀岩运动是对心理和身体的双重挑战，它要求攀岩运动员在训练或比赛中要全身心投入、注意力高度集中，从而使精神始终处于高度紧张的状态，一场攀岩比赛下来，运动员都是身心疲惫的。长期高强度的体能训练、攀爬技能训练、战术训练等很容易引起运动员的心理疲劳。同其他体育项目相比，攀岩运动更强调快速记忆、视觉搜索、线路选择等脑力活动，所以更容易引起脑力疲劳或心理

疲劳。

攀岩运动员心理疲劳主要由训练强度、训练目标的设置与训练效果以及训练的内容与方式等原因引起。

（1）训练强度

攀岩运动员心理疲劳的产生一般是由于在长期的攀岩训练中，运动负荷过量、神经系统紧张程度长期过高，生理疲劳的累积影响了心理状态，使心理功能降低而显得不堪重负。

（2）训练目标设置与训练效果

训练目标是实现对攀岩运动员继续训练的最好鼓励，如果训练目标设置过高，当运动员经过长期努力仍无法实现预定训练目标时，就会产生不同程度的心理挫折和焦虑情绪，长此以往，就会难以承受精神上的压力而疲惫不堪，最终导致心理疲劳。

（3）训练内容与方式

由于在一段时间内从事攀岩专项训练过多，同时又缺乏必要的调节手段，使训练变成了乏味、厌烦的形式，运动员对攀岩训练失去了兴趣，最终导致心理疲劳。此外，外部环境和运动员自身的个性等心理因素也是影响攀岩运动员心理疲劳的重要因素。

2．赛前焦虑

应激与焦虑是体育运动中普遍存在的情绪反应，心理学领域和运动训练学领域都做了大量的研究。从心理学角度讲，应激就是指当某些时间或环境刺激作用于人，使人产生焦虑、紧张等心理反应并会由此带来一系列身体反应，它是心理和生理反应的综合。赛前焦虑是因为比赛压力而引起的一种心理障碍，一旦产生赛前焦虑情绪，容易引起紧张、不安、恐惧等负荷情绪障碍，还可伴有全身不适和消化系统功能失调的症状，导致运动员行动的灵活性及思维敏捷性都受到限制，从而影响正常水平的发挥。当然应激也有积极的一面，并且适应应激焦虑的水平就像是一种挑战，它可以动员机体适应系统，增强适应能力，保持适宜的兴奋程度，使运动员能很快进入竞技状态，正常甚至超常发挥。

引起赛前应激焦虑的原因主要有外因和内因两种。外因主要是领导、教练和亲朋好友的期盼及社会其他因素的影响，这常常会使运动员背上沉重的心理包袱。而内因则主要有运动员自己过多高估对手实力引起的负担、过分看重比赛结果的重要性造成的不必要的心理包袱及以前比赛失败所引起的恐怖紧张等，这些都是由运动员自身的个性心理因素决定的。

应激、焦虑的测量方式主要以量表测量为主，已有许多量表或问卷，如运动员临场应激评价方式量表、竞赛状态焦虑问卷、赛前情绪量表、运动竞赛焦虑测验、运动认知特质焦虑量表等，都可以对运动员赛前、赛中的应激焦虑程度进行测定。

3．恐惧障碍

运动员恐惧症是指运动员在训练和比赛过程中表现出来的对训练和比赛十分强烈的恐惧心理。在攀岩项目中恐惧的对象还包括对高度的恐惧。

对于恐惧情绪的成因有许多说法。一般认为，取决于人的先天遗传素质、个性特征和后天社会因素的影响。具体到运动员比赛恐惧症的成因上，赛前运动员较高的期望值与较低的比赛成绩之间形成的强烈落差，有时会使过去成绩很好的运动员对比赛产生畏惧；在攀岩中因对自身安全的担心会对高度有恐惧感，进而影响技术的进步。

4．动机障碍

动机障碍是指最适宜动机水平以外的其他动机状态。过高的动

机水平会引起机体兴奋性过高，使学生和运动员注意力分散，情绪不稳定，难以控制动作，造成动作质量下降等不良反应。而动机水平过低，又表现为不能充分调动主动性、积极性，导致机能潜力发挥不足，心理能量得不到充分动员，造成运动水平降低。在攀岩中对自己的期望值过高，而引起机体过度兴奋，不利于较好状态的发挥。

攀岩运动心理训练模式与方法

❖ 攀岩心理训练模式

1．全面系统的心理训练

心理训练在攀岩训练过程中的重要作用，决定了在一般训练过程中，要进行全面、系统、长期、专门化的训练。具体可以分为四个阶段进行：第一阶段为基础训练阶段，一般可持续 6 个月；第二阶段是对训练过程中出现的各种心理问题进行针对性训练；第三阶段主要是进行执行任务时的心理调节；第四阶段则是心理恢复训练。心理训练在结合攀岩项目的同时，要把心理训练融合到整个攀岩训练计划中，结合完整的训练周期进行，决不能“头痛医头，脚痛医脚”，否则，不但心理训练效果不明显，甚至可能带来更多的问题。

2．针对某次训练活动（或比赛）的心理训练

由于攀岩场地、器材及运动技术的复杂性，每次训练任务所要解决的攀岩内容也不尽相同，根据每次训练内容所涉及的攀登形式、岩壁与路线特点、攀登训练时间、运动员对攀登技术的掌握及体能状况等，拟定具有针对性的心理训练计划。在比赛之前做好充分的心理准备，而不是被动承受可能出现的情况，提高比赛信心，顺利完成比赛任务。

❖ 攀岩心理训练的常用方法

1. 促进技术掌握与发挥的心理训练

表象训练是常用的促进攀岩技术掌握和发挥的心理训练方法。表象训练是运动员通过有意识地、积极地利用头脑中已经形成的运动表象或充分利用想象进行训练的方法。根据适应环境的不同，可分为训练过程中的表象训练和比赛过程中的表象训练两种。

（1）训练过程中的表象训练

在训练前，通过对攀岩技术要领方法的想象，在大脑皮层中留下技术“痕迹”，然后在练习中把这些痕迹激活，可使攀爬动作完成得更加正确、顺利。或在训练后，对刚刚完成的练习进行技术“回忆”，使正确的攀爬动作在脑海里更加巩固。如果练习动作出现错误，在回忆中应该伴随着对错误动作的“纠正”，可以避免下次练习时再次出现错误动作。

（2）比赛过程中的表象训练

在比赛过程中，对于出现的不同造型的岩壁及支点，可通过自己的想象，模拟通过这些路段或支点的动作，并根据自己的经验对动作进行修正，直到能够在大脑中顺利完成攀爬过程。这类表象训练不仅可以帮助完成每次的单一任务，而且还有利于运动员的智力开发，增加经验储备。

2. 心智训练

攀岩如同下棋，着重布局、思考与战术的运用，在比赛时尤其如此。就临场攀登能力的训练而言，主要包含记忆力、破解力及反应力三项要素。所谓记忆力是指观察路线时记点的能力与速度，由于比赛只有 6 分钟的观察时间，如何迅速与正确地记住路径与动作便是智力训练的根本。接着，必须从整条路线上找出订线员所设的

难关，并思考可能的破解方案，这有赖于记忆里数据库的丰富程度。最后，倘若发现原本设想的方案无法破解或遭遇到未能预期的难关时，反应力便是得胜的关键。如何在短短的几秒内冷静地找出新的破解方案，且不致使力量消耗殆尽，完全依靠比赛经验的累积。此外，战术训练亦是智力训练的重点，攀爬的流畅性与节奏性、挂快扣与休息的时机、宏观与微观的审视路线能力、合适的赛前热身与心理控制模式、适应赛时情境等皆是战术训练的内容。

3. 认知控制训练

人在遭遇危险或威胁时，生理将迅速地做出反应，并达到高度觉醒状态。对于攀岩者而言，威胁感来自环境、动作及心理三方面。过高的觉醒状态将降低协调性，而攀岩又易因威胁感造成高度觉醒。因此，多数情况下攀岩者所须学习的是降低而非提升觉醒程度。真正影响觉醒程度的不是外在环境的威胁，而是对威胁的认知，即如何看待自己和周遭的环境。倘若懂得控制自己的情绪或将环境刺激做适当筛选，便可避免对环境产生错误或夸大的认知，进而将觉醒程度控制在最佳状态。生理会因心理期待而做出准备或回应，如预见危险时身体的觉醒程度将提高，不过透过思考训练可将生理调整至最佳状态以回应所需。假设在爬一条路线时期待能完攀，心理便会设想完攀应有的动作及策略；但若相信将坠落，身体便会施展不开并做坠落的准备。倘若期待是负面的，在动态去抓一个把点时往往只能摸到点而抓不住点。负面期待累积久了，将会完全失去自信。因此，减少负面期待的心理训练对攀岩者来说十分重要。

减少负面期待的原则有二：一是建立正面期待心理；二是减少自己表现的预期。这两种方法看似相互矛盾，但其实是相辅相成的。首先从正面角度激励自我，接着把心情放轻松，去除对自己的苛求，便能将潜能完全发挥。具体的方法为：

（1）提升正面期待：自信与乐观是成功的关键。攀爬前可先思考想成功的原因，再找出缺乏自信或质疑的点，即“没问题，但……”的负面想法。

（2）排除负面期待心理。

（3）减少结果预期。虽然正面期待有助于成功，但过大的得失心却易使人心理失常。唯有以平常心面对所有可能的结果，才能将最好的一面表现出来。降低事情的严重性、坦然面对失败的后果、别对结果抱有太多的期待、避免与对手比较、想着自己喜欢攀岩的初衷及怀着志在参加的心态，这些都是减少结果预期的认知控制法。

成功导向动机的培养与目标设定密不可分，目标设定的技巧是：

（1）设立积极目标；

（2）目标须明确；

（3）须按部就班地朝目标迈进，将目标分阶段实施；

（4）目标须具有可行性；

（5）记录下每天的训练成果并时常回顾，明了自己的进度。

4. 唤醒水平的调节训练

唤醒水平是指肌体总的生理激活的不同状态或不同程度，它与运动员水平的发挥有着极为重要的关系。唤醒可维持与改变大脑皮层的兴奋性，对保持觉醒状态有着重要的作用，它为注意力的保持与集中以及意识状态提供能量。一般说来，任务比较复杂、协调配合、小肌肉群精细调节占主要成分的运动项目，最佳唤醒水平要求处于较低的位置；以力量和速度为主的体能项目，应有较高的唤醒水平。在攀岩心理训练过程中，可以通过提高或降低唤醒水平来完成各种心理训练及攀登技术操作。

（1）提高唤醒水平

针对攀岩速度赛的心理训练，在训练前创设各种环境或运用各种方法来提高运动员的唤醒水平，有利于其进行技术操作，提高训练效果和比赛成绩。

①让运动员事先听一些兴奋的音乐，加快其呼吸节奏和心率；

②进行表象训练，让运动员在大脑模拟攀岩训练、比赛时的场景，紧张的气氛会给运动员以紧张的情绪，从而促使大脑皮层兴奋；

③通过赛前谈话的方式提高唤醒水平，通过语言上形象的动作模仿，形成对运动员的刺激，从而提高其兴奋性。当然，唤醒水平要把握到一个适宜的程度，教练员要对不同的攀岩项目适宜的唤醒水平有一个准确的认识，过高的唤醒水平，对于成功完成攀岩任务是没有益处的。

（2）降低唤醒水平

攀岩环境是一个特殊的环境，再加上攀岩运动潜在的危险性，通常会导致运动员产生紧张、焦虑、害怕等情绪反应，而这种情绪反应不利于攀岩水平的发挥。因此，通过有效的方法降低唤醒水平，减少这种不良因素的发生，尤其在难度攀岩过程中较为常用。

①控制呼吸

采用慢且深的腹式呼吸，不仅有放松的作用，同时也可以增加吸氧量，供肌肉工作需要。

②渐进式肌肉放松

运动员闭上眼睛，使自己的意识从脚部位开始放松，依次放松小腿、大腿、腰、腹、胸、肩、颈，直至头部，重复 5 ～ 6 次练习，精神的紧张状态便会伴随着肌肉的放松依次得到缓解。

③冥想

冥想时，先取得随意的放松姿势，并控制该姿势，采用腹式呼吸，睁开眼睛，使自己寻求一种忘我的感觉。冥想可以使肌肉得到较大程度的放松，降低自己的唤醒水平。

5. 心理障碍调节

心理障碍调节主要是克服攀岩心理恐惧，增强运动员自信心的训练。在攀岩过程中，产生恐惧的原因有很多种，其中较主要的有对保护人员的信任程度、对场地器材的了解程度等。克服心理障碍，就是要先找出产生恐惧的原因，然后再进行针对性的心理诱导和训练，从而使心理障碍得到克服。

（1）对于因对保护人员的不信任而产生的恐惧感，就要在平时训练过程中，让攀登者与保护者形成良好的沟通，经常进行保护技巧的切磋，增强相互信任。

（2）因对场地器材不了解而产生的恐惧感，在平时训练中就要安排一些有关的课程，让学生专门对场地环境做一个详尽的了解。当然，对于攀岩训练过程中心理训练方法的安排没有统一的模式，要根据实际需要来安排训练，必要时可根据情况的不同，创新一些训练方法来完成心理训练的任务。

6. 集中注意力的心理训练

集中注意力的心理训练是坚持全神贯注于一个确定目标，不为其他内外刺激的干扰而产生分心的能力训练。尤其是在攀登训练通过难点时，集中自己的注意力，会大大提高动作的成功率。

（1）注视秒表练习

集中注意力观察手表的转动，先注视一分钟，如果在一分钟内注意力没有离开过秒针，可延长观察时间到 2 分钟、3 分钟，等到确定了注意力不离开秒针的最长时间后，再按照该时间重复 3 ～ 4 次，每次间隔 10 ～ 15 秒。如果能坚持注视 5 分钟注意力不发生转移，就是较好的成绩。每天进行几次这样的练习，经过一段时间，注意力集中的能力便会取得较大的提高。

（2）轻微口令练习

教练员平时通过很微弱的、勉强能让运动员听清的声音发出命令，让他们执行，迫使他们高度集中注意力，这种方法持续运动时间不宜太长，一般不超过 3 分钟。

7. 自信心建立训练

运用自我暗示法可以有效地建立起攀岩的自信心。自我暗示就是训练者用自己的语词，在思想上给自己的心理施加影响，调整自己的情绪状态，使兴奋和抑制达到适宜的程度。具体做法是：在实际攀登过程中，对关键技术或难度点上运用语言提示，做一些相应的模仿动作。这种提示可使意识与完成动作的肌肉进行事先的结合，排除各种不良因素的干扰，保持情绪的稳定和注意力的集中，把注意力完全放在技术动作上。除此之外，还可以通过积极的暗示语进行自我鼓励和自我安慰的方法进行调控，比如，“现在情况很正常”“我很冷静，我一定能战胜困难”“放松”“我一定会成功”等，以便减轻内在和外界环境造成的心理压力，建立稳定的情绪和坚定不移的信心。

8. 对高度的恐惧障碍克服

（1）系统脱敏疗法

系统脱敏疗法是心理学上的重要训练方法，又称交互抑制法，在克服攀岩恐惧训练上有着重要的作用。让受训者学会通过系统脱敏法进行自我治疗，目的在于消除恐怖刺激物与恐怖反应的条件性联系，并对抗回避反应。具体操作时，系统脱敏可通过想象着自己已经爬在了岩壁上最危险的地方，此时你已经没有力气再去爬，随时会脱手，以此代替引起恐怖的实际事物或情境的呈现或展示。之后保持在这个状态慢慢去放松自己，让自己学会适应恐惧的状态。

这种疗法通常是以“刺激——放松”反射为适应行为，来取代受训者已经形成的“刺激——异常”行为的反应反射，也就是克服攀岩刺激恐惧产生反射，继而强化适应行为，因泛化而使适应行为得到巩固，克服异常行为。

（2）暴露疗法

暴露疗法又称为满灌疗法。它是鼓励受训者直接接触引致恐怖焦虑的情景，坚持到紧张感觉消失的一种快速行为治疗法。用在攀岩克服恐惧心理的训练上非常适合。攀岩队员在克服恐惧心理上运用满灌疗法，治疗一开始时就应让受训者进入最使他恐惧的情境中采用想象的方式的时候，鼓励受训者想象最使他恐惧的攀岩时的场面，教练员在旁边反复地讲述他最感恐惧情境中的细节，或者使用录像、幻灯片放映最使受训者恐惧的情景，以加深求治者的焦虑程度，同时不允许求治者采取闭眼睛、哭喊、堵耳朵等逃避行为。在反复的恐惧刺激下，受训者因焦虑紧张而出现心跳加快、呼吸困难、面色发白、四肢发冷等植物性神经系统反应，但最担心的可怕结果却并没有发生，这样焦虑反应也就相应地消退了。其次在教练员和其他队员的保护下，可以直接将需要帮助的队员攀登到自认为恐惧的无法继续的地方悬挂一点时间，如此反复，使其觉得也没有导致什么了不起的后果，恐惧症状自然也就慢慢消除了。

（3）高峰体验法

在进行攀岩训练时，心里有恐惧感的队员可以想象自己最成功的时候，最风光的时候，最开心的时候等，让自己能够把大脑保持在高度兴奋的状态，这样可以分散自己恐惧的注意力，大脑的兴奋状态也有助于克服队员恐惧心理。

（4）思维阻断法

有恐惧心理的运动员在训练过程中，当内心开始感到恐惧时，自己可以在内心里大声对自己喊“停”。尽快去阻止消极的意识，用积极建设性的思维取代它。假设已经达到了10米高度产生恐惧，你可以想象：“这才多高？我住在30多米高的地方呢（假设住十楼的情况），再说还有一根绳子在下面保护着呢。”也就是说当出现恐惧心理时，要有相应的积极心理去面对。

（5）冲击法

冲击法是目前对于“恐高症”的治疗非常有效的方法。“冲击法”的具体操作方法是启发受训者想象他正处在一个相当的高度且该高度还在上升。想象的初始引起强烈焦虑和恐惧，但在长时间诱导过程中这种情绪逐渐消退。同一情况多次重复出现后，诱发与焦虑、恐惧有关的各种行为的作用将越来越小，最后完全消失。

9. 心理疲劳的对策

对于攀岩运动员心理疲劳的预防和恢复应该从其成因出发，对症下药，最主要的措施就是训练目标的合理化和训练方式的多样化。

在攀岩运动中应遵循循序渐进的原则，训练内容应由易到难、由简单到复杂、逐步深化、不断提高。例如，在训练开始时，就让运动员做比较困难的动作、攀爬较复杂的线路，就会使运动员完成困难或发生坠落而不断遭受挫折，导致缺乏自信甚至产生自卑。同样，训练方式越单调，运动员就越容易产生心理疲劳。训练过程中要注意趣味性，应该把有趣的目标整合到训练中。另外，还应注意运动员和教练的沟通，良好的沟通可以减少心理疲劳的发生。

攀岩运动员心理疲劳的恢复主要采用三种训练方法。

（1）迁移与替代训练

对于已经产生心理疲劳的攀岩运动员，要及时减少训练量，降低训练强度，甚至立即中断训练，进行恢复休整。中断训练并不意

味着什么都不做，而应该主动地用其他方式，特别是自己最喜欢的、最感兴趣的方式进行相关的心理能力训练，即替代训练。

（2）心理恢复放松训练

心理放松主要是通过语言暗示诱导集中注意，调节呼吸，使肌肉充分放松，从而调节中枢神经系统兴奋性的方法。在实际攀岩训练和比赛中，心理放松训练具有明显消除心理疲惫的效果。放松训练主要有渐进性肌肉放松、自身放松训练、自我催眠、静默和生物反馈辅助下的放松等。其中渐进性肌肉放松训练是攀岩训练中最常用的一种放松方法。但是，所有的放松训练都由五个基本成分组成：①精神专一：要求自己要集中注意力与身体感觉、思想或想象。②被动态度：当思维或想象发生分散时，教导自己不理睬无关刺激而重新集中注意力。③减少肌肉紧张程度：让自己处于一个安适的姿势，减少肌肉紧张。④安静的环境：闭目以减少外来的分心，宁静的环境可以减少外来感觉的传入。⑤有规律：需要有规律地持之以恒地进行训练。

（3）渐进性肌肉放松训练

渐进性肌肉放松训练要求运动员想象最能令人松弛和愉快的情景，教练或医生在一旁用语言指导和暗示，最后是全身肌肉得到深度松弛。该方法要求被试者首先学会体验肌肉紧张和肌肉松弛之间个人感觉上的差别，从而能使自己主动掌握松弛过程：进一步加深松弛训练，直至能自如地放松全身肌肉，进而形成全身心的放松。

10. 赛前应激焦虑对策

调节运动员焦虑的方法很多，有些方法可以由运动员自己使用，有些方法由教练员实施，还有些方法必须由有经验的运动或临床心理学家实施。国外有心理学家将焦虑调节方法分为四类：第一类是身体焦虑调节法，这些方法主要调节肌肉紧张、呼吸和心血管等身体活动过程，如放松训练法、静默放松、生物反馈等；第二类是表象训练法；第三类是行为矫正法，主要是暴露法（其中包括冲击法和系统脱敏法）；第四类是认知调整法，主要矫正运动员的思维过程，主要包括合理情绪调节和暗示等。

上述调节方法有些持续过程比较长或对条件有所要求，不适合赛场上的临时调节如赛前产生过高的临赛应激焦虑，可以考虑用一些简单迅速的方法使自己平静下来：最简单常用的就是呼吸调整法，深呼吸可以使人的情绪波动稳定下来。

第七章

攀岩中常见运动损伤的预防与处理

攀岩运动主要是通过四肢末端与岩壁形成支撑、悬垂和摩擦，产生向上的动力，从而达到完成攀岩的目的。整个过程中，人体要克服自身重力，对身体末端，特别是小肌肉群的力量要求特别高，因此四肢损伤的概率相对较大。由于上肢力量相对较弱，所以手指、手腕、肘及肩部的损伤较多；同时，由于岩壁情况的多样性及攀岩的坠落具有不可预知性，经常会发生软组织损伤、骨折、挫伤等急性损伤。许多攀岩者对于这些运动伤害的类型及防治往往一知半解，甚至忽略其严重性或延误就诊时机，最终被迫结束攀岩生涯。本节针对攀岩运动的特性，对几种常见运动损伤及其成因加以介绍，以引起攀岩者在运动和训练中的注意，减少运动损伤的出现。

攀岩运动常见的运动损伤

运动损伤依照受伤情况或病程的不同，可分为急性运动损伤和慢性运动损伤两种。急性运动损伤是指在运动中因直接或间接外力一次作用而致伤，伤后症状迅速出现，病程一般较短。攀岩运动中常见的急性运动损伤有：擦伤、撕裂伤、肌肉拉伤、韧带扭伤、骨折等；慢性运动损伤是指积累多次微小伤害的身体病态现象，症状出现缓慢，病程长。在急性损伤后因处理不当而导致反复发作的陈旧伤，或局部运动负荷安排不当，长期负担过重超出了组织所承受的能力而导致的疲劳损伤，也属慢性运动损伤。攀岩运动中常见的慢性运动损伤有：慢性肌腱炎、滑囊炎、劳损性骨膜炎、关节炎、疲劳性骨折、习惯性损伤等，这些损伤多发于四肢，如肩、肘、腕、指、踝等部位。

1. 手部运动损伤

（1）手指侧副韧带损伤

手指侧副韧带之扭伤或断裂是攀岩最常见的运动损伤，其中以中指、食指或无名指的近端指骨间关节和拇指的掌骨与指骨间关节

损伤为主。当攀岩者以动态动作去抓较小支点时，中间三指的近端指骨间关节将在刹那间承受极大施力及大幅弯曲；而捏点的动作则易使拇指的掌骨与指骨间关节扭伤。

患者最常见的症状是关节的肿胀、硬、慢性疼痛及运动受限，若对患部施压时手指呈现弯曲及不稳定，则表明侧副韧带已完全断裂；如果患者仅感到疼痛，但患部仍稳定，则可能只是扭伤。

在处理时，指关节的副韧带损伤，采用单指固定，而掌指关节的副韧带损伤，可以与相邻的手指一起固定，1～3周后拆除，进行功能练习。但是疼痛可能会持续数周。

（2）屈肌肌腱损伤

每一根手指皆有两条屈肌肌腱（拇指除外），其中，屈指浅肌可将近端指骨间关节及掌骨与指骨间关节弯曲；而屈指深肌则可将远端指骨间关节、近端指骨间关节及掌骨与指骨间关节弯曲。

攀岩时，闭锁型抓法容易导致屈指浅肌的肌腱撕裂；而开放型抓法则易使屈指深肌肌腱撕裂。当屈指浅肌肌腱撕裂时，近端指骨间关节将难以弯曲；当屈指深肌肌腱撕裂时，远端指骨间关节则难以弯曲，患部的疼痛、肿胀与握力和捏力消失是两者共同的症状。

检查时，可先将近端指骨间关节伸直，并尝试弯曲指尖，若患指无法将远端指骨间关节屈曲，则表示屈指深肌肌腱发生伤害；至于屈指浅肌肌腱的检查，则可将手掌朝上置于桌面，将患指外其他四指维持伸展姿势并令患指弯曲，若无法屈曲则表示该指的屈指浅肌肌腱受伤。如果是屈肌肌腱的撕裂伤，通常采取保守治疗，如果已经断裂，建议手术治疗。

（3）指第二环韧带（第二环状滑车）

每一根手指内皆有5个环状滑车用以连接、固定指骨与肌腱（拇指除外)，而肌腱的经常弯曲会与滑车发生摩擦，并导致其撕裂。第二环状滑车位于近端指骨近掌骨与指骨间关节处。攀岩者常因闭锁型抓法时过度用力而导致其撕裂，其中以中指及无名指最常见。据统计，约有 40% 的职业攀岩者患有第二环状滑车损伤。严重时，第二环状滑车将完全断裂，导致屈肌肌腱无法再贴近指骨，并呈现弓形弯曲，即所谓的“弓弦现象”。第二环状滑车伤害的诊断较为不易，轻微伤在休息时没有感觉，但在手指基部受到压迫时会感觉疼痛，手指的肿胀会影响手指的弯曲，严重时有一至两个环韧带断裂(通常是二、三环韧带，此时会出现弓弦现象)，如果出现断裂要手术治疗。

恢复过程中，疼痛会在 2 ～ 10 周内消失(建议疼痛消失两周后开始恢复训练)，中度受伤需要休息至少 45 天，通常需要 2 ～ 3 个月的时间。要避免在紧握和半紧握抓点时过分用力。使用胶带防护，可以使用二环韧带指环缠法、瑞士缠法、十字缠法。

(4)扳机指

扳机指是一种手指屈肌腱鞘发炎的病况，最常发生在中指、无名指或拇指内的“第一节环状滑车”。攀岩过程中，在抓开放型支点时，对掌骨位置的压力过大，属于屈肌肌腱发炎的一种，通常发生在中指、食指和无名指。开始时手指僵硬，严重时指间关节不能完全伸直，掌骨头处有压疼，随着病情好转，炎症吸收，疼痛和其他症状可以全部消失，但往往会遗留手指屈伸时发出弹响声音的现象，这就是扳机指。这种情况下，首先应固定患处，之后可以进行封闭或者手术治疗。

2. 肩部运动损伤

一般所谓的肩关节，是介于肱骨与肩胛骨之盂唇所形成的关节，而锁骨则横于其上，与肩峰形成肩锁关节。盂肱关节是一种球窝关节，

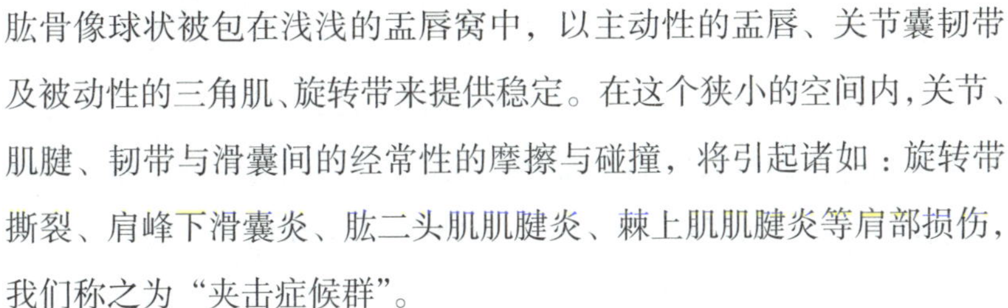

肱骨像球状被包在浅浅的盂唇窝中，以主动性的盂唇、关节囊韧带及被动性的三角肌、旋转带来提供稳定。在这个狭小的空间内，关节、肌腱、韧带与滑囊间的经常性的摩擦与碰撞，将引起诸如：旋转带撕裂、肩峰下滑囊炎、肱二头肌肌腱炎、棘上肌肌腱炎等肩部损伤，我们称之为“夹击症候群”。

夹击症候群常见之病况包含以下三种：

（1）旋转带腱炎：旋转带是由肩胛下肌、棘上肌、棘下肌、小圆肌所组成，这些肌肉包围覆盖住肱骨，在肩关节稳定与手臂移动中扮演了极重要的角色。但由于旋转带紧邻由肩峰及啄突所构成的弓形突起组织，经常性的摩擦将造成旋转带破裂，其中尤以棘上肌肌腱的伤害最常见。

（2）滑囊炎:旋转带与“肩峰啄突”间尚有另一组织,称为滑囊,其功能在于减少上述两者间的摩擦碰撞。经常性的撞击将使滑囊发炎，其中尤以肩峰下滑囊炎最常见。

（3）肱二头肌肌腱炎：旋转带之破裂、肿胀及发炎将造成肌腱供血异常，进而加速肱二头肌长头肌腱之磨损，甚至断裂。

夹击症候群的患者一般会有肩部前方和外侧疼痛、肩部运动范围变小（特别是手臂无法高举过头）、手臂肌肉无力等症状。

3. 肘部运动损伤

攀岩者最常见的肘部损伤是上髁炎。上髁炎依其肇因及受伤点不同,可分为肱骨内上髁炎（俗称的高尔夫球肘）及肱骨外上髁炎（俗称的网球肘）。

（1）肱骨内上髁炎（高尔夫球肘）：大部分主要的屈肌和旋前肌都起自肱骨内上髁，所以，当屈腕、屈指的肌肉收缩时，主要的牵拉引力就集中在肱骨内上髁上，使这里受到的牵拉之力比较大，频繁而且集中。从而造成肱骨内上髁肌腱发炎。同时，在攀岩过程中，肱二头肌收缩会使手掌旋后，但为了抓住支点，却要保持手掌前旋的姿势，这就使本来受力的手臂前旋肌群与内上髁的结合处因过劳产生损伤。开始时肘内侧出现酸胀不适，之后变为轻微疼痛，严重时可发展成持续性钝疼。检查时，可发现内上髁比对侧略高起，或有轻微的肿胀，有明显压疼，关节功能不受限，但在做前臂内旋、屈腕等动作时，内上髁处可能出现疼痛。出现此损伤首先应该休息，之后可以采用推拿按摩、封闭或者手术等治疗方法。

（2）肱骨外上髁炎（网球肘）：由于主要的伸腕和伸指肌肉全部起自肱骨外上髁，同时主要的屈前臂肌肉也起自外上髁，所以伸指伸腕动作，就对外上髁产生比较集中的拉力。在攀岩过程中，手臂

上下运动，都是由肌肉的收缩来完成的，而伸肌的用力与屈肌的用力相比，前者用力要大而猛，这样对伸肌起点的拉力，就比屈肌起点的拉力要大，这就造成了外上髁肌腱发炎。与肱骨内上髁炎相似，在外上髁局部有肿胀和明显的压疼，在做持物伸腕、伸腕抗阻、前臂外旋抗阻试验时，都可以出现肘外侧的疼痛，做外上髁的特殊试验，MILL 氏试验时，也可以出现阳性反应（方法是让患者手握拳，腕屈曲，肘呈 90 度屈曲位，再使前臂内旋，并在内旋的同时使手由前到后从腋下通过，再由前下向后上划弧，然后将前臂伸直。此时，若出现肘外侧疼痛者，为阳性反应；否则为阴性。阳性反应说明有外上髁炎存在）。

4．其他

（1）腕管综合征：腕管由 8 块腕骨组成弓形骨槽，并覆盖以腕横韧带而形成管道状结构，其中除掌长肌外，还有 8 条屈指肌肌腱和正中神经通过，由于腕管容积不能改变，当腕管内组织发生水肿等内压力增大情况时，它不容易借向外扩散来减轻对内部组织的压力，从而造成腕管综合征，表现为手腕不舒服，疼痛，手指活动不灵活，尤其以拇指多见。应采取封闭、针灸或者手术治疗。

（2）半月板撕裂：多是由于跪膝别腿动作、高抬脚动作或者攀石中的跳下动作等引起的。由于半月板撕裂与内侧副韧带损伤以及外侧副韧带损伤有可能混淆，建议就医检查，其主要区别是半月板损伤检查时，膝关节有响音，且有交锁现象（在走动或在膝关节的伸屈活动时，常有突然卡住，致使膝不能伸屈的现象）。需进行手法复位治疗或手术治疗。

5. 攀岩运动损伤产生的原因

根据运动损伤的产生原因和攀岩运动的项目特点，可归纳为以下因素：

（1）认识不足，麻痹大意；

（2）技术水平低或技术错误；

（3）身体素质不足，如初学者在不具备专项素质时热衷于攀岩而不循序渐进，身体素质还没有达到良好的平衡；

（4）心理素质差；

（5）运动负荷不合理，缺乏适当的准备和整理活动；

（6）健康状态不良，组织管理混乱，保护技术不熟练、不正确；

（7）场地设备和气候不良等。

攀岩运动损伤的预防

急救、康复治疗和康复训练是预防失败后的无奈选择，因此，运动损伤的预防更为重要。有了预防措施，就减少了损伤发生的概率，也降低了损伤的程度，这比受伤后要付出的代价小得多。所以，在预防攀岩运动损伤时首先要树立“预防为主”的意识；其次，要努力掌握相关的专业理论知识、技术和技能，使攀岩活动尽量在可控制的情况下安全进行；最后，尽量避免没有把握的贸然尝试，降低受伤的风险系数。

根据产生运动损伤的原因和攀岩的项目特点，我们需要从以下几个方面做好攀岩运动损伤的预防措施：

1．运动环境和器材设备

攀岩场地的设计、建设，自然岩壁的清理和保护点的安装必须由经专业认证的人员担当；使用的所有生命确保装备均需通过欧洲联盟（Conformity with European，CE）或国际登山组织联盟（Union International Alpine Associations，UIAA）认证，并确保其良好的使用情况。

2．运动过程的完整性

（1）科学的运动过程包括充分的热身和整理，生理机能的激发和疲劳的恢复对竞技能力的发挥和运动损伤的预防有重要意义。此外，还要逐步提升训练强度，给予身体足够的适应期。

（2）热身和整理运动应该从一般的动作到专项动作，幅度和强度由小到大，使前奏和尾声与攀岩有良好的对接。

（3）良好的营养，合理的疲劳恢复手段是运动后积极的跟进措施。

3．技术运动的合理性

（1）平衡是攀岩的前提技术，用脚来支撑重量，用手来调节平衡符合人体运动技能特点，可以避免上肢过大的负荷造成的伤害。

（2）向上是攀岩的终极目标，如果把强大的下肢伸肌群称为原动肌群，那相对弱小的上肢屈肌群则可称为协同肌群，所以，用腿向上攀是最合理有效的方式。

（3）身体的活动范围是由关节屈伸范围和肌肉克服阻力的能力决定的，因此在保证身体平衡的前提下，寻找有利于肌肉用力的合适角度，可以避免关节伸展的局限和肌肉主动不足造成的损伤。

（4）线路解答的过程就是不断重复上一点的过程，合理的攀岩线路选择是对自身素质和技术做最优化的组合，避免运用不能胜任或无把握的动作和技术。

（5）攀岩运动具有明显的节奏性，上升的过程是主动用力加速、制动减速和静止的循环往复，是肌肉收缩（紧张）和舒张（放松）的交替运动，缺乏节奏就意味着功能容易达到极限状态引起疲劳和紊乱，造成运动损伤。

（6）技术的合理性具有强烈的个性特点，每个技术动作都是攀岩者训练水平、智力水平、身体素质、心理素质的综合体现，盲目地模仿别人的动作而不考虑自身的特点是不明智的做法。

4. 加强保护和自我保护

（1）保护和自我保护首先是一门技术，为了防止保护技术的失误引起伤害，在学习的过程中要经历徒手、平地、人工岩壁、自然岩壁的练习过程，并且要反复练习达到纯熟的境界，切忌直接进行实际操作。

（2）主保护实践初期要密切监督，要求副保护的协作，做好保护员的固定，先做顶绳保护，再做先锋保护。

（3）在保护时要和攀岩者有良好的沟通，做到攀岩前相互检查装备连接的安全性，攀岩时密切关注攀岩者的动向和预测潜在的危险，在主动放弃和做有风险的尝试前通知保护者，并做好失败时的自我保护准备。

5. 身体素质的提高和平衡

（1）损伤的产生，有时是身体素质的缺陷所致，准确地判断身体素质的不足（对身体素质的客观评估）对避免运动损伤至关重要。

（2）一般身体素质和专项身体素质是普通和特殊的关系，攀岩初期水平的高低往往取决于一般身体素质的高低和全面，加强一般身体素质的训练是初学者的当务之急，而非激进地集中锻炼肩带、前臂。

（3）身体素质是力量、速度、耐力、柔韧度、协调性等能力的综合体现，运动能力也绝非靠某一项的强大就能发挥作用，反而各项之间过大的强弱对比差距增大了受伤的可能性。所以平衡的身体素质不仅能整合成技术所需的优质物质基础，而且能降低运动损伤的概率。

（4）身体各部分之间身体素质的和谐平行发展也同样重要，包括上下肢的协调、左右的对称、屈伸的对等、远端和近端的比例等。

6. 攀岩心理训练的介入

攀岩运动对攀岩者有较高的心理素质要求，每个攀岩者对恐高、怀疑、逞强、冒险的心理或行为都要有或多或少的体验和经历，这些负面的心理素质引发的运动损伤也屡见不鲜，由此而形成的心理阴影也是攀岩者突破自我、技术进步的巨大障碍。通过心理训练培养勇敢、自信、负责、合作的心理素质，是缓解运动焦虑，激发竞技状态，防止运动损伤的有效手段。也就是说，完善的心理素质和人格是攀岩运动项目的特殊锻炼价值。

攀岩运动损伤的急救与处理

运动损伤发生的时候，应立刻就医。发生损伤就会引起疼痛、肿胀、炎症等症状。为防止这些症状的加重所采取的应急手段即被称为“应急处置”。应急处置也被称为“RICE 原则”，主要包括：制动（Rest）、冷敷（Ice）、加压（Compression）、抬高（Elevation）四个方面。运动损伤按时间段可分为早期、中期和晚期三个阶段。在这三个阶段，应根据其各自的病理特点采取不同的治疗方法。

❖ 早期

所谓早期是指伤后 24 ～ 48 小时内。此阶段病理变化的主要特点是组织撕裂或断裂后，出现血肿和水肿，发生急性炎症。该期的处理原则即为“RICE 原则”。处理方法可根据具体情况选用一种或数种并用。也可合理选择创伤药或止痛药，以达到消肿、止痛和减轻炎症的效果。

1. 制动

即停止运动，降低血液循环速度，防止伤口扩大或骨骼断面割伤其他组织或器官，导致症状恶化。

2. 冰敷

用冰袋敷于受伤部位，使破裂的血管收缩，减少出血和组织液渗入，并有一定镇痛作用。

3. 加压

用绷带对受伤部位进行加压包扎，减少出血和组织液渗出，并进行一定的固定，但切记勿捆绑过紧，以免阻断血液循环。

4. 抬高

抬高伤肢，降低局部血压，防止血肿，有利于血液回流。然后依其需要决定是否请医生来或送医院治疗。其中以冰敷最重要，因为冰敷可以降低伤者疼痛的程度。当发生以下三种情况时,必须主动就医：

（1）患部感到疼痛；

（2）因疼痛而无法移动身体部位；

（3）疼痛持续，两周内情况皆未好转。

❖ 中期

所谓中期是指受伤48小时以后。此期病理变化和修复过程的主要特点是肉芽组织已经形成，凝块正在被吸收，坏死组织正在被清除，组织正在修复。临床上，急性炎症已经逐渐消退，但仍有淤血和肿胀。因此，该期的处理原则主要是改善局部的血液和淋巴循环，促进组织的新陈代谢，加速淤血和渗出液的吸收及坏死组织的清除，促进再生修复，防止粘连形成。治疗方法有理疗、按摩、针灸、药物痛点注射、外贴活血膏或外敷活血、化瘀、生新的中草药等，可选用几种方法进行综合治疗。热疗和按摩在此期间的治疗极为重要，但是按摩手法应从轻到重，从损伤周围到损伤局部，损伤局部的前几次按摩必须较轻。

❖ 晚期

损伤组织已基本修复，但仍可能有瘢痕和粘连形成。临床上，肿胀和压痛已经消失；但功能尚未完全恢复，锻炼时仍感到微痛、酸胀和无力，个别严重者出现伤部僵硬或运动功能受限等。因此，该期的处理原则是恢复和增强肌肉、关节的功能。若有瘢痕和粘连，应设法软化或分离，以促进功能的恢复。治疗方法以按摩、理疗和功能锻炼为主，配合支持带固定及中草药的熏洗等。

❖ 几种常见损伤的处理措施

1. 扭伤处理

首先，扭伤时立即予以冰敷，即可减轻疼痛程度及消肿。最好三日内避免浸泡热水，以免加速发炎，当然，扭伤后尽量休息。

2. 肌肉拉伤、肌腱或骨膜发炎

如果是肌肉拉伤或是肌腱、骨膜发炎，一般人当然是休息，但对于专业的运动员而言，长期的停训会肌肉萎缩，神经反应变慢，进而使运动技术变形，运动成绩明显下滑。所以运动员在受伤后，不用完全停止练习，但引起受伤的动作，应该停止或减少（尤其是应完全禁止比赛）。

3. 骨折

一旦发生骨折需就地检查，紧急处理。根据受伤的形式而判断骨折发生的可能性，骨折呈开放性外露或形成假关节诊断较容易。就地处理检查时，动作要快、准、稳、轻，避免不必要的搬动和检查。若有休克或脏器损伤者，应先给予抗休克治疗及脏器的修复处理。在送医院时应临时固定骨折部位，以防止骨折端再次损伤软组织，利于抗感染、止痛和抗休克的治疗。临时固定范围一般包括骨折的上下两个关节，可就地选用棍棒木板等材料。开放性骨折的伤口可采用加压包扎法。对离断肢体可用洁净的布包好，外面可加冰袋以降温，为断肢再植创造条件。若为闭合性骨折，畸形较明显，游离骨折端有穿破皮肤、损伤血管和神经的可能性，应先牵引伤肢远端纠正畸形，然后用夹板固定。闭合性骨折的治疗原则是复位、固定和功能锻炼，开放性骨折在全身情况改善、纠正休克后尽早进行清洁创面，用手法使之成为闭合性骨折。复位的方法一般多常用手法复位、牵引复位法及手术切开复位加用内固定法等。

图书在版编目（CIP）数据

攀岩 / 卢兆振编著. -- 长春：吉林文史出版社, 2014.10（2023.6重印）

ISBN 978-7-5472-2420-5

Ⅰ. ①攀… Ⅱ. ①卢… Ⅲ. ①攀登（登山运动）– 基本知识 Ⅳ. ①G881

中国版本图书馆CIP数据核字(2014)第249994号

攀岩

PANYAN

出 版 人　张　强
主　　编　周殿学　周洪生
编　　著　卢兆振
责任编辑　王　新
封面设计　袁　野
出版发行　吉林文史出版社
地　　址　长春市福祉大路5788号
网　　址　www.jlws.com.cn
开　　本　720mm × 1000mm　1/16
印　　张　12
字　　数　100千
印　　刷　天津市天玺印务有限公司
版　　次　2015年5月第1版　2023年6月第4次印刷
书　　号　ISBN 978-7-5472-2420-5
定　　价　59.80元